セブン&アイはなぜ池袋西武を売ってしまったのだろう

強欲資本主義 vs 公益

山田　悟

制作 デパート新聞社

現場で奮闘を続ける、すべてのデパートパーソンに捧ぐ

はじめに

行き過ぎた株主資本主義が、今回のそごう・西武売却の一因であることは間違いない。親会社であったセブン&アイの井阪隆一社長は、米投資会社バリューアクト・キャピタルから、コンビニエンスストア以外の不採算事業の売却を求められ、米投資ファンドであるフォートレス・インベストメント・グループへそごう・西武を売却した。

「王者セブンイレブンに異変」

２０２４年７月２９日、セブン&アイが専心するコンビニ事業について、こんなニュースを目にした。セブンイレブンの全店平均日販は６７万９０００円と前年同期比で３０００円減った。収益はさらに厳しく、２０２４年３～５月期の営業収益は前年比１．８％減の２兆２４９億円、営業利益は前年比４．４％減の６１２億円で「減収減益」となった。そごう・西武も含め都心百貨店がコロナ前を超え、最高益の更新を続けている時に、だ。

ライバルであるローソンとファミリーマートは、増収増益となっており、業界の収益環境が悪いわけではない。セブンイレブンだけが「独り負け」ともいえる状況に追い込まれているのだ。これが、一過性の状況なのかどうかは分からないが、真っ先に筆者の頭に浮かんだのは「驕れるものも久しからず」という言葉だった。

デパート新聞は、昭和26年創刊の百貨店業界紙である。月2回の発行だが、その連載コラム「デパートのルネッサンスはどこにある?」では、百貨店を取り巻く様々なトピックを取り上げて来た。2020~2021年は、パンデミックに翻弄され業績が悪化したデパートの苦闘と、コロナ前から進行していた地方の衰退、その象徴としての百貨店の閉店連鎖を追った。

そのような中、2022年初頭「セブン&アイは2月1日『そごう・西武の株式売却を含め、あらゆる可能性を排除せずに検討を行っている』とのコメントを発表」というニュースが報じられた。百貨店売上全国第3位であり日本有数のデパートである西武百貨店池袋本店が存続の危機に瀕《ひん》している、そしてその売却入札に参加した企業は百貨店(小売り)ではなく不動産業ばかり、それも外資系ファンドばかりであることが分かってきた。

筆者は「外資系ファンド」イコール「ハゲタカ」だと言っているわけではない。但し、セブン&アイが(フォートレス・インベストメント経由で)ヨドバシホールディングスにそごう・西武を売却した経緯については、当初から非常に違和感を持っていたのは事実だ。

自分の働いている企業の先行きが常に安泰であるとは限らない。「社会、経済、とは、そして企業活動とは、そうしたものだ」と言われればそうかもしれない。だが、いざ自らが（一社員として）買収やリストラや倒産に直面した時、直ぐに納得できるものだろうか。自分が入社した企業が、「もしかしてなくなってしまうのでは」という恐怖は、体験した人にしか分からないのだ、と思う。そごう・西武で働いている人達は、ここ何年もそんな体験をし続けているのだ。そごう・西武労働組合の寺岡泰博中央執行委員長は、その代表であろう。

筆者はこの「そごう・西武」売却の経緯を、少なからずそごう・西武サイドに立って見てしまうのだ。池袋西武の行く末など「どうなってもかまわない」というスタンスは取れないのだ。もちろん筆者がいかに憂慮しようが、結果は変わらないだろうし、実際変わらなかった。しかし、２０２３年8月３１日のストライキが「無駄であった」とか「結局何も変わらなかった」という意見には、真っ向から反論したい。例えその怒りが、流通メディアの端くれとしてではなく、元セゾングループの末端に身を置いた者として、かも知れなくても。

そう、筆者は怒っているのだ。怒り心頭なのだ。セブン&アイとそのトップである井阪社長に対して、そして少なからずヨドバシホールディングスに対しても、だ。

「偏向報道」だと断じる方がいるかもしれないが、そもそも本書は「報道」ではない。デパートの行く末を案じ、そのデパート（そごう・西武）を応援するのがデパート新聞の使命なのだから。本書は、西武贔屓の筆者が書いた「池袋西武」への応援歌なのだ。もちろん鎮魂歌ではない。そうなる可能性がゼロではないかもしれないが……

本書は、その当時に筆者が見聞きして感じたことを記録した、言わば「デパート界隈の日記」だが、結果としてそれが、2年に亘って綴られた「そごう・西武売却」の記録となった。主な登場人物はセブン&アイホールディングスの井阪隆一社長、対するは、そごう・西武労働組合の寺岡泰博中央執行委員長。そして、様々なステークホルダー（利害関係者）達である。基本的に文章は書いた当時のままだ。

２０２４年８月８日
デパート新聞編集長　山田 悟

目次

はじめに 3
◎2021年6月15日号
「そごう・西武」の落日　コロナ禍の1年 12
◎2022年2月15日号
そごう・西武売却の衝撃と再編 17
◎2022年4月1日号
そごう・西武売却はデパート業界を変えてしまうのか？ 前編 29
◎2022年4月15日号
そごう・西武売却はデパート業界を変えてしまうのか？ 後編 38
◎2022年12月1日号
売却難航から混迷へ 43

◎2022年12月15日号
混沌とする西武売却 49
◎2023年1月15日号
そごう・西武売却劇に新たな登場人物 57
◎2023年2月1日号
ヨドバシが作る池袋西武とは　前編 64
◎2023年2月15日号
ヨドバシが作る池袋西武とは　後編 67
〈池袋に公益文化を根づかせた巨人 高野之夫豊島区長〉
（「デパート新聞」2023年3月1日号より抜粋） 74
◎2023年4月15日号
セブン&アイへの通告　前編 78
◎2023年5月1日号
セブン&アイへの通告　後編 84

◎2023年6月1日号
迷走するセブン＆アイ　前編　93
◎2023年7月1日号
迷走するセブン＆アイ　後編　100
◎2023年7月15日号
セブン＆アイによる「池袋西武ヨドバシ化」再び　108
◎2023年8月1日＋15日合併号
「何も聞いていない」　117
◎2023年8月15日号外
そごう・西武労働組合 寺岡泰博中央執行委員長インタビュー①　119
◎2023年9月1日号
そごう・西武労働組合「ストライキ権確立」詳報　126
◎2023年9月15日号
そごう・西武労組「ストライキ突入」の意義　134

◎2023年10月1日号
スト翌日の売却「禍根だけが残り、決着とは程遠い」 148

◎2023年10月15日号
百貨店の未来「閉店連鎖は地方から都心へ」 156

◎2023年11月1日号
西武vsヨドバシ　百貨店と家電の未来
「百貨店＋家電」シナジーは？ 164

◎2023年11月15日号
西武vsヨドバシ　百貨店と家電の未来
池袋家電戦争と街づくり 170

◎2023年12月1日号
そごう・西武労働組合 寺岡委員長インタビュー② 180

◎2023年12月15日号
西武と東急　過渡期を迎えた電鉄系百貨店 193

◎2024年1月15日号
西武池袋本店の元日営業で思う事 198

◎２０２４年２月１日号
ブランドと百貨店「蜜月から卒婚へ」 208

◎２０２４年６月１５日号＋７月１日号
ヨドバシが西武と共存？ 219

◎２０２４年９月１日号
西武は１《いち》地方百貨店になった
そごう・西武労働組合 寺岡委員長インタビュー③ 235

あとがき 252

◎2021年6月15日号

「そごう・西武」の落日　コロナ禍の1年

苦戦を強いられている大手百貨店の中で、三越伊勢丹、大丸松坂屋、髙島屋に次ぐ第4極でありながら「そごう・西武」は、もはや周回遅れの感がある。親会社であるセブン＆アイの決算から読み解く。

2020年度（コロナ禍）

営業収益は4404億円（前期比26．6％減）、営業損益にいたっては67億円の赤字（前期は1．7億円の黒字）に転落した。経営不振は前年より更に深刻化している。

コロナ禍で客数が大きく減り、主要店舗は軒並み減収。旗艦店の西武池袋本店も、外出自粛の影響により売上高が前期比24％減の1385億円に激減した。特に落ち込み幅が大きかったのが、売上高が4割減となった西武渋谷店だ。渋谷店はコロナ禍以前、店舗売上高のインバウンド比率が１割を超えていたため、訪日客需要の蒸発による打撃が大きかった。そごう・西武の２０２１年２月期の既存店売上高は、２０１９年に消費税増税後の反動減があった１０月を除き、すべての月で前年実績を大きく下回った。

宣伝費や陳列装飾などの経費削減のほか、そごう徳島店をはじめ不採算となった５店舗を閉店したものの、売上高の激減には抗えなかった。長引く経営不振で店舗のスクラップを続けた結果、現在のそごう・西武の国内店舗数は１０店と、２００６年のセブン＆アイによる買収時から３分の１にまで縮小した。親会社であるセブン＆アイは、もはやそごう・西武にかける余力はないのだ。

リストラでの収益改善余地も限られるだけに、コロナ禍でも堅調な販売を見せる富裕層向けビジネスの拡大など、具体的な売上確保策の打ち出しが急務だ。セブン＆アイは、アメリカのスピードウェイ事業買収をこの６月までに完了させ、その後に新たな中期経営計画の発表を予定している。

２０２０年２月期を最終年度としていた前回の中計では、イトーヨーカ堂もそごう・西武も、掲げた利益目標を大きく下回る結果となった。成長事業の見通しだけでなく、お荷物事業の再建の道筋をどう示すのか。中計発表時に開かれる会見での、経営陣の説明に注目が集まる。

以上は２０２１年２月期の発表であり、スタートからコロナに明け暮れた２０２０年度の不振と苦境である。しかし、そごう・西武は、他の大手百貨店グループ（三越伊勢丹、大丸松坂屋、高島屋、阪神阪急）とはいささか事情が異なる。コロナ禍でインバウンド売上が蒸発し、緊急事態宣言によりやむなく休業することになる前から、そごう・西武のセブン＆アイグループ内でのお荷物状態は始まっていたのだ。

１年前（コロナ前）に遡り、セブン＆アイが頭を悩ます、そごう・西武の実態を探る。

２０１９年度（コロナ前）

そごう・西武は、２０２０年２月期の営業収益が６０００１億円（前期比２．５％減）営業利益が１．７億円（同９４．７％減）にとどまり、目標とした２０２０年２月期の営業利益１３０億円の１％程度でしかない。

・都心店舗

２０２０年２月期に売上高１８２３億円を稼いだ旗艦店の西武池袋本店に加え、そごう横浜店や、そごう千葉店は収益性や客数についてグループでも最上位の評価となっている。こうした主力店舗では、化粧品や高級品、食品の販売強化のための投資が継続して行われていた。

・郊外店のテナント化

一方、郊外型と呼ばれる西武所沢S．C．や西武東戸塚S．C．では、改装を行いユニクロなどのテナント比率を高めている。

本業である百貨店の自主編成売り場を1／4に縮小した西武S．C．は、（例え一部マスコミがハイブリッド型百貨店と、もてはやしても）筆者としては、もはやデパートとは呼べないのではないか、という思いが強い。

鳴り物入りで実行されたテナント化だが、業界内からは「視察に行ったが店内はガラガラで、そのうちテナントも出て行くのではないか」との声も上がる。

セブン&アイの試練

ある小売業界関係者は「イトーヨーカ堂は売上高が大きいだけに、改善すればリターンが大きくなる。しかも、食品など生活必需品を取り扱っており、ターゲットとなる客数も多い。だが、そごう・西武は主力以外の店舗は元々業績が悪く、今後の期待値も低いため、首都圏の店舗の一部を除き、最終的には売却せざるを得ないのではないか」と指摘する。

アフターコロナの時代には小売業全体が、これまでのビジネスモデルからの脱却を迫られる。リストラ頼みでは、利益成長もいずれ限界を迎える。これまでの国内のセブンイレブン頼み、という構図を変えることができるのか。セブン&アイに新たな試練が待ち受けている。

デパートという海

量販店であるイトーヨーカドーから出発し、日本におけるコンビニエンスストアの草分けであるセブンイレブンで、圧倒的な業界1位の座に君臨したセブン&アイ。彼らが最後に乗りだしたのが百貨店という海原だ。セブン&アイが、高級ブランドまで扱う小売の王様の一端を担うこととなったわけだ。

しかし、そこは富裕層を顧客とする老舗競合が跋扈《ばっこ》し、元々ブルーオーシャンとは到底呼べない業界だ。彼らはデパート業界という、レッドオーシャンどころかサルガッソーの様な深みにはまってしまった。そごう・西武にとっては、コロナ前から既に試練は始まっていたのだ。それにコロナが追い打ちをかけた格好だ。

百戦錬磨のセブン&アイであっても新型コロナによるパンデミックの襲来は、さすがに予想出来なかった。もちろん予想していた小売業界人は誰一人居なかったわけだが。

◎2022年2月15日号

【そごう・西武売却1】

そごう・西武売却の衝撃と再編

節分や立春といった歳時記を気にする間もなく、2月に入ってデパート業界を震撼させるビッグニュースが飛び込んで来た。オミクロン株のピークアウトも待たずに百貨店業界に波紋が広がっている。

◇セブン&アイはそごう・西武をついに売却　コンビニに集中

鈴木路線の見直しに舵

セブン&アイ・ホールディングスが、傘下の百貨店、そごう・西武を売却する検討に入った。2月中にも入札を実施する方向で、複数の投資ファンドなどが興味を示しているとも伝えられている。

セブン&アイとしては、不振の百貨店事業を切り離し、コロナ禍でも順調に推移する、主力のコンビニエンスストア事業に集中する狙いだ。これは、カリスマ経営者であり、グループの中興の祖であった鈴木敏文名誉顧問が、セブン(コンビニ)&アイ(スーパー)の業態から百貨店、専門店などにまで拡大した総合小売り路線からの脱却と言える。

年初来高値を更新

セブン&アイは2月1日「そごう・西武の株式売却を含め、あらゆる可能性を排除せずに検討を行っている」とのコメントを発表。

これを受け、東京株式市場では、セブン&アイの構造改革が加速し収益力が高まるとの思惑から同社の株が買われ、一時は前日比490円高まで急伸した。終値は前日比245円高の5838円となり、年初来高値を更新した。投資家というのは余程リストラがお好きとみえる。

但し、セブン&アイによるそごう・西武の売却検討は、誰にとっても寝耳に水の話だったわけではない様だ。同社がミレニアムリテイリング(現そごう・西武)を完全子会社化したのは2006年。当時会長(CEO)だった鈴木名誉顧問の決断だ。15年前の当時、名実ともにセブン&アイHDのトップであった鈴木会長の思惑は、インターネットと多様な業態の店舗を傘下に治めた新たな一大流通網を構築することだった。

百貨店事業はリストラ

鈴木氏は日本で初めてコンビニ事業を軌道に乗せ、正にカリスマ経営者として知られたが、２０１６年に創業家一族との内紛で追われるように退任した。その後、創業家の意を得て実権を握った井阪隆一社長が経営の舵を取ったのは記憶に新しい。今回は、その鈴木氏の負の遺産を整理するという建前だ。

井阪氏はその翌年の２０１７年には、阪急阪神百貨店を傘下に持つエイチ・ツー・オーリテイリングに、そごう・西武の関西２店舗を譲渡している。その後も不採算店の閉店や縮小を進め、完全子会社化したときに２８店あった百貨店は既に１０店舗まで縮小している。

一方で、井阪氏は２０２０年に米コンビニ運営会社スピードウェイの大型買収を実現させており、明確にコンビニ事業への集中を進めていた。同年発表した中期経営計画では、海外コンビニ事業を成長のエンジンと位置づけ、百貨店（そごう・西武）などの大型商業施設運営に関しては抜本的な構造改革の対象とするとしていた。

流通業界に詳しい学識者からは「そごう・西武の売却については、それほど驚きはない。

経営資源をコンビニ事業に集中するわけで、むしろ好判断だといえるだろう」と指摘した。
セブン＆アイというか、当時の鈴木会長が思い描いた様な、百貨店とコンビニ事業のシナジーを充分に生み出せていなかった、と言うのは残念ながら事実なのだろう。

モノ言う株主の圧力

結果的に、新型コロナウイルスの感染拡大の影響やモノ言う株主＝投資家からの売却圧力も、セブン＆アイの背中を押した。そごう・西武に限らないが、緊急事態宣言で臨時休業や営業時間短縮を強いられ、百貨店各社は業績が悪化。セブン＆アイの百貨店・専門店事業も２０２２年２月期の営業損益は８８億円の赤字を見込んでいる。

百貨店業界は、新型コロナ感染が落ち着き始めた昨年末ごろから高額品を中心に持ち直しつつあるが、外出が減ったことで主力の衣料品が苦戦。インバウンド（訪日客需要）も回復が見込めず、まったく先行きが見通せない。ファストファッションやネット通販の台頭などで、１９９１年をピークに市場規模が大幅に縮小するなど構造的な課題も抱えている。従って、ビジネスモデルの転換は百貨店各社共通の課題と言える。デパートは皆悩んでいるのだ。

そごう・西武の売却額は２０００億円規模か

コンビニエンスストアであるセブンイレブン・ジャパンが利益の大半を稼ぐ一方、そごう・西武は不振脱却のめどが立たずグループ経営の重荷になっている現在、複数の投資ファンドや事業会社を売却先として検討している。２月中に選定を始める考えで、売却額は２０００億円規模に上るとみられる。

ＥＣの普及や、コロナ禍で休業や時短を繰り返した影響で、そごう・西武の業績は一段と悪化し、２０２１年２月期の最終利益は１７２億円の赤字だ。セブン＆アイの大株主である海外の投資ファンドが、そごう・西武や総合スーパーのイトーヨーカ堂などを切り離すことを念頭に、主力のセブンイレブンに集中するよう求めているという。

・セブン＆アイＨＤの主な事業と売上高・シェア　２０２１年２月期連結決算

セブンイレブン（海外）	２兆１９１３億円	３８％
セブンイレブン（国内）	９２０８億円	１６％
イトーヨーカドー（ＳＭ）	１兆８１０８億円	３１％
そごう・西武（百貨店）	４２５１億円	７．４％
＊ホールディングス計	５兆７６６７億円	

４千億は巨額な売上であるが、全体で６兆円近い巨大流通グループの7．４％というのは、決して大きな金額ではない。ましてやそれが長い間赤字を垂れ流しているとなればなおさらだ。

コンビニのトップ企業であっても、スーパーマーケットとしては既にナンバーワンではなく、デパートとしてはもはや2～3流（失礼）だとしたら、セブン＆アイのお荷物と呼ばれても反論の余地はない。そもそも創業事業であるイトーヨーカ堂でさえ、セブン＆アイ全体から見ればもはやお荷物であり、尚更デパートに執着する理由はないはずだ。セブン＆アイを半年ほど前に退社した知人は、既定路線として、売却はかなり前から決まっていたという。

筆者が若い頃（３０年前）新宿伊勢丹をしのぎ、池袋西武が売上日本一のデパートとして君臨していたのは、昔々のお話なのであろう。西武百貨店＝堤清二の時代だ。当時、そごうが横浜に巨艦店をオープンしたのも記憶に残っている。

両社が合併した時も驚いたが、２００６年にセブン＆アイの傘下に入ったのには、もっと驚いた。

そごう・西武後の難題

いくつかの報道を受け、セブン＆アイは公式には「何も決まっていない」と表明したものの、２月中には投資ファンドや事業会社に向けた入札の準備が始まる。前述した様に想定売却価格は２０００億円とも言われている。が、この売却には続きがありそうなのだ。

そごう・西武の買収は、当時セブン＆アイのＣＥＯだった鈴木敏文氏の戦略が前提にあった。２０１６年に鈴木氏が退任し、脱鈴木路線が進行する中でのそごう・西武売却報道であり、井阪体制下で次に何が起きようとしているのかは、実は明確ではない。

売却の意味

「あらゆる可能性を排除せずに検討をしている」という公式コメントを読む限り、水面下では少なくとも議論が行われていると思われる。

コロナ禍以前、セブン＆アイ傘下でのそごう・西武の利益は黒字だった。２０２０年２月期は売上高約５７８０億円、営業利益約８億円。かつてそごうが経営破綻した時とは違い、地方店舗の多くを整理し営業面積の広い旗艦店中心へと経営資源を集約したことと海外からのインバウンド需要が増加したことで利益が出る体質になったのだから、経営成果だと言える。

そごう・西武の旗艦店は全部で６店舗ある。西武池袋本店と渋谷店、そごう横浜店、千葉店、広島店、大宮店だ。もちろん黒字になったとはいっても、旗艦店６店舗の売上は他社がインバウンドを享受していた中では、頭打ちが続いていた。そこにコロナが来襲し、２０２１年２月期に赤字に転落、この後迎える２０２２年２月期の営業赤字も残念ながら明白だ。

そごう・西武の価値

親会社のセブン&アイＨＤから見れば、百貨店事業は改革を終えたが事業としてこの先の成長は見込めない、という判断は、当然の結果だろう。メディア各社の報道を見ても、グループ内部ではかなり長い間検討が進んでいたと思われる。

そごう・西武には多額の有利子負債があることが難点だと言われる一方、旗艦店舗の不動産価値が非常に高いのも事実である。西武池袋本店やそごう横浜店は立地と利便性から考えて、もし再開発が行われれば、駅直結のオフィスやレジデンスが併設されるショッピングモールとして一大不動産開発物件に生まれ変わる可能性は充分にある。そう考えた外資系ファンドならば、この案件はほうってはおけないという見方も出来る。

西武百貨店池袋本店

コンビニにも不満

セブン＆アイＨＤのコンビニ事業の売上は２０２２年２月期予想で国内チェーン店売上が約５兆円、海外チェーン店売り上げが６．４兆円を見込む。

店舗数は国内が２万１０００店、海外の連結子会社分が１万４０００店。これ以外に韓国に１万１０００店、タイに１万３０００店、台湾に６０００店、香港に２６００店など、合計で４万３０００店のエリアライセンシー店舗を有する。

エリアライセンシーとは、現地企業に細かい運営は任せ、ライセンス料をもらうビジネス形態である。エリアライセンシー制度として有名なのは、創業時の日本マクドナルドが独自展開で成功した事例がある。

順調に見えるコンビニ事業だが、株主から見て物足りない点があるとすれば、他のアジア各国の戦略と中国本土への展開であろう。中国では北京、天津、成都に関しては連結子会社で進出し約５７０店舗を有する一方で、上海などそれ以外の都市ではエリアライセンシーで進出し約６４０店舗を有する。合計すれば中国本土は約１２００店舗となる勘定だが、トップ企業としてグローバルな展開を目指すにしては、中国本土への進出に力が入っていない様に映るのも確かだ。

海外の投資ファンドが、セブン＆アイについて、もどかしさを感じているのも理解は出来る。「コンビニ事業に経営資源を集中していれば、中国本土にしても、未展開の新興国についても、グローバル展開のスピードがもっと上がるはずだ」と投資家が考えるのも頷ける話ではある。

会社は誰のモノ

モノ言う株主は、セブン＆アイＨＤの経営陣が百貨店事業に時間を使うのはこの2月の売却までにして欲しい、と思っているのだ。そこには企業＝会社は誰のモノか、という問題がある。資本主義社会では単純に「株主」が正答であろう。もちろん日本も例外ではない。但し、日本では、株主（投資家）以外のステークホルダーをけして蔑《ないがし》ろにはしない。投資家の顔色しか見ない企業が（特に顧客の大半が日本人であるこの日本で）生き残って行けるのかは甚だ疑問だ。

セブン&アイＨＤという巨大企業で、売上高の３８％が海外のコンビニでつくられているのであれば、シェア7．４％の国内の百貨店事業に注力するのは彼ら投資家の観点からすると無駄なのかもしれない。但し、無駄なコトをしない代わりに日本人の支持を失うコトは、全く念頭にないのであろう。

そごう・西武を、今のままの形かどうかはともかく、地域での商売を継続してくれる企業が引き継いでくれることに異論はないとすれば、逆にあちこちの百貨店を閉店し不動産価値のありそうな6店舗に絞り込むコトが必要な工程だったのか、とも思えてくる。

公益性より私利私欲を優先して上手くいくほど、日本の商売は甘くは無い。先義後利や三方良し、を無視した商売人の末路を、我々はまた見ることになるのだろうか。憂鬱になって来た。

コロナ禍での閉店

ネット販売やサブスクへのトライアルなど、あらゆる時代対応に奮闘するデパート各社ではあるが、それらはまだまだ次の収益の柱足りえず、各地で閉店が相次いでいる。

・直近2年間で閉店した百貨店　2022年1月現在

2020年3月　新潟三越
2020年8月　西武大津店
2020年8月　西武岡崎店
2020年8月　そごう西神店
2020年8月　そごう徳島店
2020年8月　髙島屋港南台店
2021年2月　三越恵比寿店
2021年2月　そごう川口店
2021年9月　松坂屋豊田店

9店舗のうち過半数の5店舗がそごう・西武だった勘定になる。決して偶然ではない。2022年の売却へのカウントダウンだったとすれば、その5店舗で働いていた従業員、取引先、顧客にとっても、悲しい結末が待っていた訳だ。ファンドや投資家の目論見とはそうしたモノであり、非情とか強欲とかいう批判は当たらないのであろう。しかし、筆者は単純に切ないと感じる。

◎2022年4月1日号

【そごう・西武売却2】

そごう・西武売却はデパート業界を変えてしまうのか？ 前編

まずは、以下の表を見ていただきたい。日本の百貨店の売上高ランキング第3位はそごう・西武なのだ。三越伊勢丹、髙島屋に続き、売上高で阪急阪神や大丸松坂屋を上回っているのだ。それにも関わらず、そごう・西武は、日本の百貨店業界で生き残れず、ルネッサンス（再生、復活）も成しえなかったということなのだ。

・百貨店（企業別）売上高ランキング　2020年3月～2021年2月

1位	三越伊勢丹ホールディングス	8160億円
2位	髙島屋	6808億円
3位	セブン＆アイ・HD（そごう・西武）	4191億円

４位　エイチ・ツー・オーリテイリング（阪急阪神）　３４７７億円
５位　Ｊ．フロントリテイリング（大丸松坂屋）　３１９０億円
※２０２１年度は速報値のため２０２０年度の確定値を記した。

そごうと西武は百貨店ではなくなるのか？

百貨店事業から撤退を決めたセブン＆アイ。そのそごう・西武の1次入札の顔ぶれから分かるのは不動産物件扱いだということだ。

３月に入ってやっと、そごう・西武の売却についての続報が入った。流通グループ最大手であるセブン＆アイ・ホールディングスが2月末に実施した、傘下で百貨店を運営するそごう・西武の売却に関する1次入札で、投資ファンド4社が残ったことが分かった。

セブン＆アイによって売却されるということは、デパート各店舗は「単なる不動産」として扱われ、切り売りされてしまうのではないか？それどころか、そごうと西武は百貨店という業種業態ではなくなるのかもしれない。

この1ヶ月の間、当事者であるそごう・西武の社員、デパート各店の顧客、そしてもちろん我々デパート新聞も、そういう危惧を抱いていた。残念ながら、多分その危惧は現実のものとなるのだろう。入札に参加した企業には他の百貨店の名前はない。

例えば阪急阪神の様に、現そごう・西武とエリア的に補完関係にある百貨店が参加していたのであれば、どの店舗もデパートのまま営業を継続するのではないかという一縷の望みが残ったのかもしれない。

・そごう・西武店舗別売上高ランキング　２０２０年３月～２０２１年２月

順位（昨年）	店舗名（都道府県）	売上高	（対前年比）
３位（３位）	西武池袋本店（東京都）	１８２３億円	（１０．９％）
１１位（１１位）	そごう横浜店（神奈川県）	１０８９億円	（１１．５％）
２２位（２３位）	そごう千葉店（千葉県）	７４０億円	（１２．０％）
３９位（４２位）	西武渋谷店（東京都）	４３２億円	（１０．７％）
４７位（４８位）	そごう広島店（広島県）	３８８億円	（１２．２％）
５５位（５５位）	そごう大宮店（埼玉県）	３１２億円	（１５．１％）
７６位（７７位）	西武戸塚ＳＣ（神奈川県）	１９７億円	（１３．５％）
		２０２０年６月リニューアル	
９１位（９５位）	そごう川口店（埼玉県）	１５３億円	（１３．６％）
		２０２１年２月に閉店	

９５位（８５位）　西武所沢ＳＣ（埼玉県）　１４８億円（１１９．２％）
２０１９年１１月リニューアル

売上下位店舗は

因みに、２０２０年度のそごう・西武の上位3店舗は、西武池袋店（3位１８２３億）、そごう横浜店（１１位１０８９億）、そごう千葉店（２２位７４０億）が占める。２０２０年度の売上高は３６５２億であり、グループ全体（４１９１億）に占める上位3店の割合は８７％超となる。

グループ4位の西武渋谷店以下の売上は４００億弱から１５０億前後であり、全国１００位以内は6店舗に過ぎない。特に９５位の西武所沢店は２０１９年末に新たにＳＣ（ショッピングセンター）業態にリニューアルしたばかりである。２０２０年度の１９．２％のマイナスはこれが主要因と思われる。

もう一つ。９１位のそごう川口店は、丁度1年前の２０２１年2月に、その３０年の歴史を閉じている。従って、今現在、百貨店の１００位以内にはそごう・西武は9店舗ではなく8店舗しか残っていない。

くどい様だが戸塚と所沢の西武は純然たるデパートとは呼べない業態である。そごう・

西武を巡るここ数年の出来事がすべて売却に向けた予兆だったのではと勘ぐりたくなってくる。

救世主かハゲタカか

そごう・西武を巡っては2006年、前身であるミレニアムリテイリングをセブン&アイが2000億円超で子会社化した。しかし百貨店業態の地盤沈下もあり、長期的には最終赤字に陥るなど、不振が続き、未だ回復基調には至っていなかったことは事実である。

さらに、セブン&アイの発行済み株式4.4%を保有する米投資会社バリューアクト・キャピタルから、コンビニエンスストア以外の不採算事業の売却を求められるなど外圧が高まってもいた。結果として背中を押されたセブン&アイは、そごう・西武の売却に大きく舵を切った。

関係者によれば、1次入札は2月21日に締め切られ、ゴールドマン・サックスをはじめとする外資系投資銀行や多数の投資ファンドなどが応札した、という。その結果、米大手投資ファンドのブラックストーン・グループ、ローン・スター、フォートレス・インベストメント・グループと米国投資ファンドが続き、加えてシンガポール政府投資公社(GIC)の4社が残り、2次入札に進んだという。

このうちブラックストーンは、近鉄グループホールディングスから保有ホテル8施設を始め、東京や大阪などの賃貸マンション約220棟を購入という実績がある。また、三越伊勢丹ホールディングスの子会社で賃貸住宅事業を手がける三越伊勢丹不動産を買収するなど、日本における不動産投資には積極的なことで知られる。GICも、西武ホールディングスから「ザ・プリンス　パークタワー東京」など、国内ホテルやスキー場など合わせて30の施設を1500億円程度で買収する基本契約を締結するなど、やはり日本で不動産投資を加速させている。

このように投資ファンド4社が残ったことで、そごう・西武の百貨店としての存続に対し、周辺はその先行きを危惧しているわけだ。

もちろん売却後も、池袋や横浜など旗艦店に関してはサブリースのような形で百貨店を運営するという道は残っている。但し投資ファンドというのはハゲタカ等と揶揄される様に、いずれも短期のリターンを求めるのが常であるのは言うまでもない。百貨店を続けても「儲からない＝リターンに乏しい」と判断すれば、存続させるつもりなどないのは当然だろう。

これから前記4社は、資産査定などを行ったうえで2次入札に進む、という。期限は5月中旬としている。夏を待たずに日本の売上高3位の百貨店の行く末が決まるのだ。

百貨店ビジネスの限界

セブン&アイが百貨店事業から撤退したのは、コンビニ事業に集中するためだけではなく、日本の国内市場が限界に達していると見たからではないかという意見もある。

当初、セブン&アイがそごう・西武の売却を決めたのは、不振が続く百貨店事業を切り離しコンビニ事業に集中するのが狙いと考えられていた。一企業としてのセブン&アイ単体では、そうした解釈が成立するが、さらに視野を広げると、百貨店という事業形態の終焉と人口減少に伴う国内市場の限界という、より根源的な問題が見えてくる。

セブン&アイは2006年に、そごう・西武（当時はミレニアムリテイリング）を約2000億円で買収した。元々「そごう」と「西武」も別々の企業であり、旧そごうグループの経営破綻や西武百貨店の業績低迷などを受けて2004年に経営を統合した。当時は「弱者連合」等と揶揄する論調の記事も目立ったと記憶している。その後、セブン&アイ傘下で本格的な再建を図るはずが、業績は思うように伸びなかった。結果的に、買収当時全国28店舗あったそごう・西武は、2020年度には10店舗にまで減少し、これに伴い販売も大幅に縮小し、ピーク時に9700億円だった売上高は4300億に半減した。

それでも新規の設備投資の見送りやコスト削減を図り、何とか営業黒字を確保していたのだ。しかし、コロナ禍の2020年度に遂に赤字転落。完全にグループのお荷物になってしまった。

そごう・西武の単位面積当たりの売上高は、本体であるセブンイレブンの半分でしかなく、グループ内スーパーであるイトーヨーカドーと大差ない水準にまで落ち込んでいる。元々百貨店というのは高コスト体質であり、スーパーと同程度の売上効率では到底黒字は見込めない。

ファンドの狙いは立地

セブン&アイが、国内のマーケットに見切りを付けたとは言っても、百貨店は駅前など好立地であることから、例え業績が悪くても今なら買い手は付きやすい、という見方も出来た。

元々そごう・西武は、セブン&アイのカリスマ経営者であった鈴木敏文氏が残した負の遺産であり、今が事業撤退の最後のチャンスと捉えたのだろう。セブン&アイは、縮小が続く国内市場全体にも見切りを付け、アメリカのコンビニ大手スピードウェイを2兆2000億円で買収するなど、海外事業に軸足を移している最中だ。

百貨店については競合他社も苦戦が続いており、ネット通販に主軸が移っていく時代にはもはや存続自体が難しいとの指摘もある。そごうと西武だからではなく、百貨店という業種そのものに将来性がないという判断をしたのであろう。このため、競合他社が買収する可能性は低く結果的には投資ファンドが名乗りを上げる、との当初からの見方が裏付けられた格好だ。

投資ファンドは、不採算店舗を閉鎖した上で、好立地の店舗を転売するといった戦略を描いているのではないだろうか。最終的には事業会社がファンドから店舗を買うだろうが、百貨店としての運営は考えてはいないのではないかと思われる。

セブン&アイという企業単体で見ると、コンビニ、スーパー、百貨店を抱えるコングロマリット的な業態に限界を感じコンビニ事業へ集中する、という見方が大半だ。もう少し視野を広げると、今回の売却は、国内市場が限界に達しており、業界トップといえども海外に注力しなければ生き残れないということの表れなのかもしれない。

コロナ後は小売業界の再編が加速するとの予想もあり、そうなるとセブン&アイの祖業であるイトーヨーカ堂の今後の展開にまで話が及ぶ可能性も低くない。ヨーカドーは創業家のシンボルであり、簡単にリストラ対象にはできないだろうが。セブン&アイの経営陣が、ヨーカドーの事業縮小に手を付けるタイミングこそが、国内消費市場にとっての一大転換点となるのかもしれない。

◎2022年4月15日号

【そごう・西武売却3】

そごう・西武売却はデパート業界を変えてしまうのか？　後編

先ずは、そごうと西武を、その出自まで遡ってみよう。

老舗と電鉄系の系譜

ちょっと大雑把すぎるかもしれないが、百貨店業界は大きく二つに分類される。

一つは江戸時代にその起源を持つ歴史のある老舗呉服屋の系統。髙島屋、三越、伊勢丹、大丸、松坂屋などがこれに当たり、彼らは一等地に店を構え、かつ古くから「お得意様」という名の多くの富裕層顧客に支えられてきたという歴史を持つ。

もう一つは主に電鉄系百貨店で、戦後電鉄会社の沿線住宅開発に伴って始発駅を皮切りに主要ターミナル駅にデパートを作った。そのスタートは鉄道利用の促進を狙ったものだ。

言い換えれば富裕層の地盤を持たない大衆向けの量販型百貨店というくくりになる。関東で言えば、東急、京王、小田急、西武、東武。関西では阪急、阪神、近鉄がこれに当たる。

東急の田園調布（のちの二子玉川）や、阪急の芦屋のような、沿線が富裕層（化）住宅地域というパターンは別だが、いずれにしても昭和（戦後）以降に発展した住宅街が起源となる。

そごう

そごうは電鉄系ではなく呉服屋系ではあるが、関西の中小呉服店がその起源であり、昭和に入ってからの戦略は電鉄系と同じ大衆向けにならざるを得なかった。しかも高度成長期においてさえ店舗数は全国で3店舗であり、一等地は既に老舗百貨店に占有されていた。

そのそごうを一気に大手百貨店の一角に押し上げたのが、日本興業銀行から転じた故・水島廣雄社長だ。水島氏は都内一等地出店を諦め「レインボー作戦」と銘打ち、周辺地域である横浜、千葉、大宮、八王子など、都心部を囲む戦略を取り出店攻勢をかけた。バブル期には全30店舗にまで拡大した。

西武百貨店

西武百貨店は生粋の電鉄系であり、かつ沿線に富裕層向けの高級住宅地も持たない典型的な大衆路線＝量販型百貨店であった。それを大きく発展させたのは、西武鉄道の創業者である堤康次郎の次男であった堤清二だ。

因みに本家の西武鉄道は弟の堤義明が継ぎ、不動産業、プリンスホテルや球団経営等のレジャー産業へと発展させた。この兄弟は極めて仲が悪く、大河ドラマではないが、頼朝と義経の様に決別し、最後は対決の道を歩んだ。

この兄弟がもし二人三脚で「西武」の事業を協業していたら、ライバルであった「東急」の様なコングロマリットになって生き残っていたのであろうか。

さて、文筆家でもあった清二による感性経営

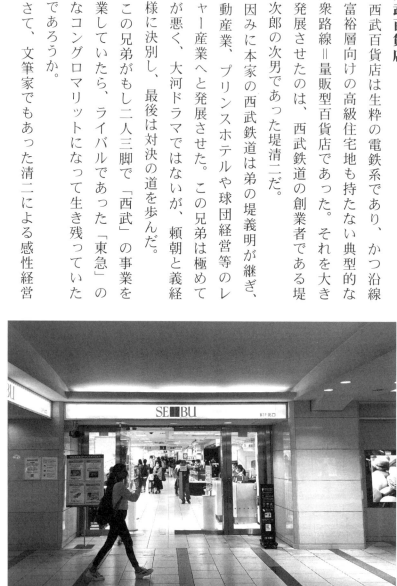

により、西武流通グループは西武鉄道と袂《たもと》を分かち、セゾングループへと発展し、その絶頂期を迎える。渋谷西武やパルコ、ロフト、無印良品を若者文化のリード役的ブランドに成長させ、若い世代を中心とした大衆を呼び込み、事業を拡大し続けた。

丁度バブルの絶頂期を迎え、出自は違えども同じような成り上がり伝説を作ったそごうと西武は、同じようにカリスマ経営者に導かれて大衆を取り込み、大きく発展を遂げた。その後、堤清二は弟義明の牙城であるホテル業界、不動産業にまで業容を拡大した。

しかし好事魔多し。最終的にはセゾングループは崩壊し、西友は外資に売られ、パルコは今やかつてのライバルであるJ．フロントリテイリング（大丸松坂屋）の子分となった。この辺りの話については、あまたの書籍が揃っているので、そちらを参照願いたい。

バブルと共に

そごうと西武、バブルに支えられ急成長を遂げた大衆百貨店の末路は、その衰退もまた同じようにバブル崩壊とともに訪れた。

そごうはバブル期の多額の借金に押しつぶされ、２０００年に経営破綻。西武は２００３年に２２００億円の債権放棄による私的整理を実施。再起を期した両社統合（ミレニアムリテイリング）を経て、２００６年にセブン＆アイ傘下に入った。当時のセブン＆アイ会長で「小売りの神様」と呼ばれたカリスマ経営者の鈴木敏文氏は「流通の各業態を複合的に結びつけ、グループとしてのシナジーを」と語ったが、結果として今回の売却騒ぎにより、その幕が引かれた格好だ。

この20年弱、衰退期に突入していた百貨店業の再生は簡単ではなかった、と言うより困難を極めたと言って良い。デパートの主力である衣料品ジャンルは、外資という黒船がZARAやH&Mを筆頭に入り乱れ、迎え撃つユニクロやしまむらといったファストファッションが台頭した。そしてハイブランドを低価格で提供するアウトレットモール（三井、三菱）の覇権争い、更には手軽に様々な商品が手に入るECビジネスの台頭などが追い打ちをかける形となった。しかもそごう・西武の不幸は、セブン&アイ傘下に引き込んだ張本人の鈴木敏文氏が、イトーヨーカ堂創業家との確執から第一線を退いたことだろう。

個人的には、例え鈴木氏が健在であったとしても売却の流れは変えられなかったのではないかと思っている。歴史には「たられば」は付き物ではあるが、通用はしないのだ。

◎2022年12月1日号

【そごう・西武売却4】

売却難航から混迷へ

米ファンドはヨドバシ出店で合意

２０２２年１１月１１日、遂にセブン＆アイ・ホールディングスが進めている傘下の百貨店そごう・西武の売却交渉がまとまった。家電量販店大手のヨドバシＨＤの出店を計画する米投資ファンドとの間で大筋合意したのだ。労働組合との間で争点となっていたそごう・西武社員の雇用については、一部をヨドバシ側が採用することを検討しており、これで最終的な合意に向け道筋がついた、という見方が大勢だ。

米国の投資ファンドであるフォートレス・インベストメント・グループへの売却額は２０００億円を超える模様だ。奇しくもセブン＆アイが１６年前にそごう・西武（ミレニアムリテイリング）を子会社化した時と同額だ。ちょっとした運命を感じる。いや、これは必然の結果なのかもしれない。当のセブン&アイにとって、長らくグループに何の寄与もして来なかったという証左なのかもしれない。

池袋と渋谷、横浜？

そごう・西武の百貨店10店舗のうち、目玉である西武池袋本店は、ヨドバシが将来的に取得して家電量販店を出店する、としている。百貨店と共存し、家電を販売する大型店を併設したビルとする計画だ。

池袋西武はかつて日本一の売上を誇った西武百貨店の旗艦店であり、池袋という巨大ターミナル駅に隣接している。ヨドバシとしても、集客とそれに伴う売上を大いに期待できる、と踏んでいるのであろう。一方、西武渋谷店とそごう千葉店は、ヨドバシが不動産の一部を買い取って家電量販店を出店する計画だ、という。渋谷西武が営業を終了し百貨店でなくなれば、東急東横、本店と続いた渋谷の百貨店閉店連鎖に連なり、ついに渋谷は「百貨店消滅都市」の仲間入りとなる。

さて、どのニュースソースを見てもそごう横浜店への言及がないのはなぜだろう。横浜そごうは自社物件でなく、再開発ビルにそごうが入居しており、勝手にはできない道理だ。そして何より、西口にあった横浜三越跡を既にヨドバシ化しているのがその答えであろうか。

４５００人の雇用は

さて、問題はここからだ。そごう・西武のパートを含む従業員約４５００人の雇用が売却交渉の最大の焦点となっているのだ。セブン＆アイ側は地方店舗も含めて、百貨店事業を可能な限り維持するよう、ヨドバシ側に求めているとみられる。

米ＳＮＳ大手、ツイッター社を買収したテスラ創業者のイーロンマスク氏は、７５００人の従業員の半分を解雇した。もちろん、ちょっと前まで終身雇用が当たり前であった日本と転職天国のアメリカ企業を単純比較しても意味が無いことは承知している。だからこそ、まだまだ雇用第一の日本に於いて（今回は解雇の是非は議論しない）セブン＆アイにとっても、ヨドバシにとっても、そごう・西武の雇用維持は大前提になる。客商売にとって世間の目は最も意識しなければならない点である。

百貨店の勢力図

そごう・西武は、インターネット通販の広がりやコロナ禍の影響を受け、業績が低迷していた。２０２２年２月期の最終利益は８８億円の赤字と、３期連続の最終赤字だった。出遅れていたデジタル戦略を強化していた、という報道もあったが「遅きに失した」と言っては失礼になるだろうか。

例え都心の大手百貨店であっても生き残りを賭けて各社必死であり、セブン＆アイがどれほど本気かは分からないが、そごう・西武が他のデパートに比べて周回遅れという見方は、あながち間違ってはいないと思われる。三越伊勢丹、髙島屋、大丸松坂屋といった老舗という看板を背負っている百貨店グループと比べ、富裕層への対応ひとつとっても横並びとは言い難い。関西拠点の阪急阪神を含めても、4強1弱というよりも、番外扱いなのだ。

モノ言う投資家

セブン＆アイは、大株主の米投資ファンド「バリューアクト・キャピタル」から、何度も「コンビニエンスストア事業に集中する」よう求められていたと報道されている。そごう・西武の売却については、結果として複数の投資ファンドなどからの応札があり、フォートレスに絞り込んで交渉を続けてきたことも業界周知となった。フォートレスは、ソフトバンクグループ傘下の投資ファンドで、賃貸住宅大手のレオパレス21やゴルフ場運営大手のアコーディアへの投資実績があるという。

セブン＆アイは2006年、小売り事業を強化するために、そごう・西武の前身であるミレニアムリテイリングを買収したのだが、結局相乗効果を出すには至らなかった。この2

年半のコロナ禍が、大きな疎外要因となったのは明らかではあるが。セブン＆アイの井阪社長は10月の決算記者会見で「何とか構造改革して、再成長の軌道に乗せようとやってきた。外部環境もあり、このままグループにおいておけば、その成長にブレーキをかけることになるとの考えで動いている」と述べた。

井阪氏の言う外部環境がモノ言う投資家のコトなのか、コロナ禍での百貨店業界の衰退を示しているのかは不明だ。

ヨドバシの戦略

井阪社長は、そごう・西武の売却先について、「事業継続とそごう・西武の再成長に対して、良い提案をしてもらえるパートナーが相応しい」とも話していた。コンビニやスーパーも広義に捉えれば、百貨店と同じ小売業であるから本音なのであろう。但し、家電量販店であるヨドバシの思惑はいささか異なっているのではと推測する。彼らが欲しいのは、巨大ターミナル駅である池袋駅直結の立地であることはシロウトでも分かる。特に池袋は、ビックカメラ、ヤマダ電機といったライバルに先行されていたのだから、池袋西武の立地は喉から手が出るほど欲しかったはずだ。

大手ブランドを集積させた1階は百貨店にとって大事な顔である。その低層階にヨドバシの看板を出すというフロア構成を聞けば、西武のことなどお構いなしという腹の内が透けて見える。デパートと家電量販店の商売が、作法も文法も異なっているのは、当然であり、彼らのビジネススキームにとって、部外者のノスタルジックな感傷に付き合っている暇はないのだ。

栄枯盛衰

ヨドバシの開発手法は、川崎、札幌（ともに西武）や吉祥寺、京都（ともに近鉄）を見れば自ずと分かる。そして、関東の人間にはピンと来ないかもしれないが、その最たるものは「ヨドバシカメラ　マルチメディア梅田」だ。ヨドバシ梅田は、年商１２００億を誇っており、言葉は悪いがその辺の弱小デパートでは太刀打ちできない売上規模だ。ヨドバシは有楽町や梅田の実績を踏まえ、ターミナル立地の百貨店の跡地を使えば何が出来るかを熟知しているのだ。百貨店の暖簾や看板は彼らには大した価値はないのかもしれない。

かつて日本一の百貨店であった池袋西武の栄華を知っている顧客やデパートマンからすれば、今回の売却が百貨店の歴史の転換点として記憶されるべき事件である事は間違いない。

◎2022年12月15日号

【そごう・西武売却5】

混沌とする西武売却

旗艦店の顔

今、百貨店業界で一番の話題は、百貨店そごう・西武の旗艦店である西武池袋本店のヨドバシ化であろう。売却交渉の決着により、家電量販店ヨドバシカメラが池袋西武に出店するのではなく、現状の百貨店を押しのけて、ヨドバシカメラがビルの顔になるという話だ。

具体的には、現西武池袋本店の地下1階から地上4階までにヨドバシカメラが入居し、西武百貨店はそれより上の階に集約するという案が検討されている、というのだ。池袋西武は腐っても売上高日本第3位の百貨店である。そのデパートの1階が電器屋になってしまうのだ。

有楽町のそごうも新宿三越もヨドバシカメラのライバルである家電量販店ビックカメラ

になっているのに、筆者は何を今頃騒いでいるのだろう、と、いぶかしく思う読者もいるかもしれない。

売上不振から閉店した店と、今なお現役の西武の旗艦店を比較するのは、池袋西武に対して失礼であろうと筆者は思う。だからこそ、今回の事案は、日本のデパートの歴史の中で負のエポックメーキングと思えてしまうのだ。

異例の不動産売却

2022年11月11日、セブン&アイ・ホールディングスは臨時取締役会を開き、傘下の百貨店子会社であるそごう・西武をアメリカの投資ファンド、フォートレス・インベストメント・グループに2000億円超で売却することを賛成多数で決議した。フォートレスが連携する家電量販店大手のヨドバシホールディングスは、多額の資金を拠出して、西武池袋本店やそごう千葉店の一部のほか、そごう・西武が渋谷に所有している不動産を取得し、傘下のヨドバシカメラを出店させるとみられている。

今回の売却劇は、スタートからしてとにかく異例続きだったと言える。応札した投資ファンドから運営についてのクレームが多数寄せられたという話だけでなく、中には入札自体に不信感を抱いて応札を辞退するファンドもあったという。最終的にフォートレスに優先交渉権を付与してからも実際の交渉は遅々として進まず、交渉期限を何度も延期した。

セブン&アイ内部の動揺

当初、セブン＆アイの経営陣は11月10日に開催する取締役会で売却を決議し、その日のうちに発表しようと考えていた様だ。理由は明白だ。決算期末である2023年2月までにフォートレスとの契約をまとめたかったからだ。

ところが、西武池袋本店の土地の一部を所有する西武ホールディングスの同意を得ていなかっただけでなく、そごう・西武の労働組合への説明も事前になされていなかったという。当然クリアすべき懸案事項が多々残されていたことについて、一部の社外取締役から異論が噴出。このため取締役会で賛成票を得ることができるのか、極めて不透明な状況に陥っていた。

ぎりぎりの判断

事情に詳しい関係者によれば、極めて難しい状況に直面した井阪社長は、ディール（取引）自体を一旦白紙に戻そうとする局面もあったという。しかし、どうしても取引をまとめたい一部の役員や、報酬を得たいフィナンシャルアドバイザーが井阪社長を説得して翻意を促したというから驚きだ。

結果的には、１１月１０日の取締役会で、セブン＆アイ側は交渉の経緯を説明した後、社外取締役が問題視していた前述の懸案事項についても全て解決したと報告。異議を唱えていた社外取締役たちも納得したことで、翌１１日に臨時取締役会を開催することになり、フォートレスへの売却を決議した。

積み残した問題

とはいえ、これですべてが解決した訳ではない。なぜなら前述した懸案事項は、なんら解決していないからだ。

この時点で、西武鉄道、即ち西武池袋駅を有する西武ホールディングスの同意も得られてはいなかった。セブン＆アイ側が西武ＨＤの後藤高志社長との面会を申し込んだものの実現しなかった、という話も聞こえて来た。

結局、井阪社長は西武ＨＤの後藤社長とは、電話で短時間話しただけだという。もちろん、電話で簡単に同意が得られるたぐいの話ではないのは明らかだ。

2つの西武

西武ＨＤの後藤社長は、９年前の２０１３年に、自社が今回と同じ様な危機に見舞われた。それまで二人三脚で経営再建を進めていた大株主の米ファンド、サーベラスが敵対的ＴＯＢ(株式公開買い付け)を仕掛けてきたのだ。当時、後藤社長はグループの結束を呼びかけ、会社を見事に守り抜いた。株主だけでなく沿線住民や世論の支持もあったと記憶している。

西武鉄道と西武百貨店は、１９７１年、トップ同士である兄弟の確執から袂《たもと》を分かった。兄である清二が、西武百貨店と西友、パルコを中核とする西武流通グループを旗揚げし（その後セゾングループに改名）「二つの西武」はそれぞれの道を歩んだ。弟の義明が率いた西武鉄道グループ（後の西武ホールディングス）は、現後藤社長の代になって、前述の危機を何とか乗り越えて来た。

しかし、もう一つの西武である百貨店は、鉄道グループとは対照的な結果を招いてしまった。そごう・西武も、その最後のフェーズを外資によって翻弄された形だ。因縁というか宿痾《しゅくあ》の様なモノまで感じてしまう。そして、そごう・西武労組との協議は、まるで進んでいなかった。

無視された労組

パートを含む約４５００人の従業員の雇用がどうなるのか不安を抱えていた労組は、これまで何度もセブン&アイの経営陣に説明を求めてきた。しかし、不可解なことに井阪社長は直接の面談を拒み、更に具体的な説明を一切して来なかったのだという。

それでも１１月に、井阪社長はようやく、組合幹部と2度に渡って面談。井阪社長は「面談はきわめて友好的に進んだ」と、周囲に漏らした、という。しかし組合側は、ヨドバシカメラの出店により百貨店としてのブランドが棄損し雇用を維持できなくなってしまうのではないかと危惧していた。これは、デパートマンならずとも、誰しもが真っ先に考えるマイナスポイントであろう。百貨店にとって、ブランド＝信用が、どれだけプライオリティの高い事項かは、本コラムで何度も言及している。

労組側は「セブン&アイの対応は『雇用問題は売却先のフォートレスやヨドバシが考えること』と言わんばかりだ」と断じ「セブン&アイは売却さえ出来れば、従業員の将来などどうでもいいと考えている」と猛批判した。

この様な乱暴な売却劇は、セブン＆アイ自体のブランド棄損に繋がってしまうのでは、と今度は我々報道する側が危惧する事態となった。

業界への影響

最後にそごう・西武の実績を確認しておこう。

・2022年　全国百貨店店舗別売上高ランキング　ベスト15

順位	店舗	売上高	（対前年比）
1位	伊勢丹新宿本店	2536億円	（22.5％）
2位	阪急うめだ本店	2006億円	（14.6％）
3位	西武池袋本店	1540億円	（11.1％）
4位	高島屋日本橋店	1239億円	（9.9％）
5位	高島屋横浜店	1185億円	（22.9％）
6位	三越日本橋本店	1144億円	（13.0％）
7位	高島屋大阪店	1092億円	（12.7％）
8位	松坂名古屋店	1039億円	（20.0％）

9位	そごう横浜店	949億円	（17.9%）
10位	高島屋京都店	740億円	（12.5%）
11位	大丸神戸店	701億円	（19.4%）
12位	岩田屋本店	679億円	（14.9%）
13位	そごう千葉店	656億円	（14.7%）
14位	東急渋谷本店	635億円	（5.9%）
15位	小田急新宿本店	595億円	（18.0%）

ご留意頂きたいのは、14位の東急渋谷本店と15位の小田急新宿本店だ。小田急は2022年10月2日に閉店し、東急も2023年1月末日を以ってそのシャッターを閉める。ランキング13位の千葉そごう以下百貨店3店舗の消失が確定したのだ。この1〜2年という短期間に、歴史ある百貨店の本店や旗艦店がクローズしてしまうのだ。

弊社デパート新聞社のWEB部門でも「百貨店　閉店」のキーワード検索が、群を抜いて多いというデータが上がっている。百貨店の閉店が相次ぎ、次はどこのデパートが閉まるのかが、消費者の関心事となっている訳だ。

◎2023年1月15日号

【そごう・西武売却6】

そごう・西武売却劇に新たな登場人物

2022年12月15日、朝のニュースで豊島区長の会見を見て驚いた。そごう・西武の売却劇に新たなステークホルダーが登場した、と言っても過言ではないだろう。この先、この問題がどう決着するかは分からないが、混迷を極める池袋西武へのヨドバシ進出に、またも異例の事態が発生したことは確かだ。

ニュースの骨子は、会見を開いた豊島区の高野区長が「ヨドバシカメラの池袋進出にストップをかけ、西武百貨店池袋本店の『顔』を存続させる」ことを嘆願する内容だ。高野区長は池袋西武の救世主となるのか。セブン&アイ、ヨドバシカメラ、そごう・西武（とその労組）、西武ホールディングスに行政である豊島区や地元商店会までが加わりマスコミや一般市民も巻き込んで議論は更にヒートアップしそうな勢いだ。

嘆願書「池袋西武の存続を」

豊島区の高野区長は、百貨店西武池袋本店などを運営するそごう・西武の投資ファンドへの売却決定を受け同百貨店の存続を訴える嘆願書をまとめた。

「西武池袋本店は池袋の顔であり、街の玄関だ。池袋のイメージは文化の街として大きく高まった。今後のヨドバシカメラの参入は池袋の更なる家電量販店の激化につながり、長年育ててきた顧客や富裕層も離れ、今まで築き上げてきた文化の街の土壌が喪失してしまう」として百貨店の存続を訴えた。

小さいとは言っても、行政のトップが民間企業の出店戦略に難癖を付けるのはいかがなものか、という意見もある反面、日本有数の巨大ターミナル駅の顔が、いかに重要かを物語る証拠かもしれない。区長の発言の中の「池袋のイメージは文化の街として大きく高まった」「長年育ててきた顧客や富裕層も離れ、今まで築き上げてきた文化の街の土壌が喪失してしまう」。（※注　傍線筆者）

この傍線部分は行政の長として「自らが池袋のイメージアップを図って来た」「池袋に文化を根付かせたのは自分だ」という区長の強烈な自負が垣間見える。

高野区長は会見で、「ファンド側からは全く接触はない。街は家電だけではなく、いろいろな商店で形成されている。低層部（1～4階）に入るのは反対だ、入ってもらいたくない」

と強い口調で続けた。

投資ファンドと家電量販店

デパートが立地する自治体などから店舗の営業継続などを望む声が出ていることについて、フォートレスはマスコミの取材に対し「現時点で何ら決定した事項はなく、計画が策定できた段階で、消費者やパートナーの皆様にお知らせします」とコメントしている。まさか、ここまで正面切って反対声明を出される＝牽制されるとは思っていなかったのかもしれない。

区長サイドには、マスコミや住民＝駅利用者、ひいては一般消費者をも味方につけて、ヨドバシ包囲網を形成したい思惑があるのだろう。

沿革と概要

池袋駅東口に直結する西武池袋本店は、１９４５年に武蔵野デパートとして開業、地下２階地上１２階建て。２０２１年度の売上は約１５４０億円で、セブン&アイ・ホールディングス傘下の「そごう・西武」が展開する全国１０の百貨店中トップの旗艦店。来店者数も、コロナ禍前の２０１９年度には７０００万人を上回った。

高野区長は会見で、同店が池袋の街に果たしてきた役割を「池袋は『怖い、汚い、暗い』というイメージがあったが、安心安全で若い女性が買い物できる街にようやくなった。そういう流れの中での池袋の顔だ」と説明し「今まで築いてきた池袋全体のまちづくりを崩すことのないようにしてほしい」と要望したのだ。

翌朝のワイドショーで会見の録画を見ると、池袋東口美観商店会の会長のコメントは、豊島区長より数段辛口だ。もう少し詳しく見て行こう。

ヨドバシ出店は文化喪失なのか

現在、池袋西武の1〜4階の低層フロアにはラグジュアリーブランドの店舗がひしめいており、ヨドバシが低層階に出店した場合、撤退することが想定される。同区長は「ヨドバシの出店に我々が異を唱えるのは難しいかもしれない」と前置きした上で、それでも「将来のまちづくりを考えると、低層部に入ることには反対させていただく」と主張した。

会見には、西武池袋本店も加盟している「池袋東口美観商店会」の服部会長が同席し、次の様に主張した。「ヨドバシの進出にはびっくりし、ショックを受けている。家電競争の激化に見舞われ、地域社会が埋没する」と懸念を示した。さらに「ビックカメラとヤマダ電機があって、もう家電は要らない。地元に何の説明もなく、隠密裏にやっていることに対し、不信感がある」と不快感を隠そうともしない態度が印象に残った。

区長は会見で、西武池袋本店存続に関する嘆願書を西武ホールディングス（旧西武鉄道）の後藤社長に12月5日手渡したことも明らかにした。西武ホールディングスは不動産の一部を保有している。

後藤社長とは池袋のまちづくりについて意見交換し、今後情報共有していくことで一致したという。高野区長は続けて「今後、区民運動に広げていく思いがある。できるだけ早い段階で、いろいろな意見を聞いて行動に移していきたい」と話を締めくくった。

尚、投資ファンド、フォートレスは取材に対し「（西武池袋本店については）現時点において、フロアプランも含め何ら決定した事項はない」としている。いやいや、それでは「池袋西武の1～4階にヨドバシカメラが出店」という、やけに具体的な情報は、マスコミ関係者が捏造したデマだとでも言うのだろうか？まあ、もちろん取材に本音を語る担当者は見たことないけれど……

公益性とビジョン

本紙は常日頃、デパートの「公益性」について論じている。当たり前だが、百貨店も一企業であり、利益を追求するのは当然だが、そこで働く従業員や顧客＝地域住民含め、あらゆるステークホルダーへの公益性を忘れてはいけない。それこそが「みんなのデパート」という概念の重要性である。

いみじくも、豊島区長の述べた「文化」の担い手としてのデパートの役割を、果たして投資ファンドのフォートレスや、ヨドバシカメラは考えたであろうか。前述した様に「何も決定した事項はない」と、うそぶきながら「1~4階の下層階にヨドバシが入る」などと、具体的な情報が漏れ聞こえてくることを、筆者は大変いぶかしく思っている。

仮に、池袋西武への家電進出が不可避であるならば、ヨドバシHDには、家電量販店同士の縄張り争いではなく、デパートの公益性と池袋という街の価値を認識し、その発展に寄与するという長期スパンの戦略を考えて貰いたい。秋葉原や梅田で培って来

たターミナル駅でのデベロッパー力を発揮し、「ただ広いだけの電器屋」と揶揄する声を一蹴する様な、新しい池袋の顔を造ってほしい。

まとめ

筆者が言いたいのは、街（とデパート）には公益性の観点が不可欠であり、企業の論理（普通は利益）だけを優先するべきではない、ということだ。

企業が利益を追求するのは必然であり、決して悪ではない。しかし、時として地域（街）や消費者（住民）との利益相反は起こりうる、と言う事だ。公益の御旗を振って企業の利益を制限せよ、といった対立ではない。大事なのは、公益性を蔑ろにすると、その企業自体のブランドを棄損する事態となる、という戒めであろう。

そういった意味で、今回の豊島区長の嘆願会見はタイムリーであったと思う。池袋駅を利用する一般市民も含めた、あらゆるステークホルダーの議論が活発化することを願っている。例え結論として池袋西武の縮小や消滅が避けられないとしても。

◎2023年2月1日号

【そごう・西武売却7】

ヨドバシが作る池袋西武とは　前編

セブン＆アイ・ホールディングスは24日、子会社そごう・西武の売却を、これまで予定していた2月1日から3月中に延期すると発表した。売却先である投資ファンドと連携するヨドバシカメラによる出店計画が難航しているからだ。

ヨドバシによる西武池袋本店の新たな店づくりを検証したい。

本紙のスタンス

ここで、あらかじめお断りしておくが、筆者は「池袋には家電量販店が多過ぎる」とか「ターミナル駅には百貨店の顔が必要だ」などと一方的なヨドバシ排斥論に与《くみ》するつもりは毛頭ない。

ただ、ターミナル駅を含む一等地への出店であるからには、地域住民や駅利用者など、市民、消費者の意見を聞き、幅広く議論することが不可欠であろう。ヨドバシは営利企業であるが、日本有数の巨大ターミナル駅である池袋の地で商売をするからには、社会の公器として公益面への配慮が望まれるという話だ。

繰り返しになり恐縮だが「公益性」こそが、本紙の遵守するキーワードだ。もう一つエクスキューズさせて貰うと、本紙がデパート新聞であるからと言って、デパートは良いけど電器屋はお断り、といった単純な二元論や子供の喧嘩の様な論争には賛成しない。単なる百貨店至上主義では決してない公益性という鏡に照らし合わせて「街のため人のため」になる施設としての、本来のデパートのあるべき姿を追い求めているからだ。

本題に戻る。ヨドバシホールディングスによる池袋西武の新たな店づくりを具体的に予想してみたい。

ＭＤ（品揃え）

そごう・西武が連続赤字とは言っても、全国の百貨店売上ランキングでは、髙島屋に続いて第３位の４４００億円の売上を誇っているのは事実である。例えヨドバシが、既存の百貨店作りとは全く異なる考えであったとしても、池袋西武の今ある百貨店としての機能を全くなくしてしまうことはしないのではないか、と筆者は考える。

そごう・西武の関係者が危惧する様な、現行のラグジュアリーブランドを店頭から排除する様な乱暴狼藉を考えているとは思えないのだ。周りの反対を押し切れば、それはヨドバシカメラ自体のブランドを棄損する恐れがあるからだ。

但し少なくとも、現行売場（百貨店の平場）の集約を図りヨドバシカメラを導入、更に外部から専門店を誘致するのは避けられないだろう。

◎2023年2月15日号

【そごう・西武売却8】

ヨドバシが作る池袋西武とは　後編

交錯する思惑

利害関係者（ステークホルダー）のスタンスを整理してみよう。

A　関係者の利害を調整できない、場当たり対応のセブン&アイ・HD
B　事業転売で儲けたいフォートレス・インベストメント・グループ
C　ディールを成立させ、その報酬が欲しい三菱UFJモルガン・スタンレー証券
D　池袋の一等地出店で競合を一蹴したいヨドバシホールディングス
E　池袋西武を百貨店として残し「文化の街」を守りたいと言う豊島区長
F　これ以上家電量販店は要らないと嫌悪感を示す東口美観商店会長

G　嘆願書を貰い、同調するのかどうか不明の西武ホールディングス
H　誰からも相談なく、勝手に去就が決められていく百貨店そごう・西武
I　「蚊帳の外」の西武百貨店の顧客と地域住民
J　毎号特集記事を組んで「騒動」を演出する流通マスコミ

労働組合

さて、そごう・西武売却を巡る騒動は、今や直接の利害関係者（先に上げたステークホルダーたち）だけの問題に止まらなくなっている。今年に入り競合百貨店１３社の労働組合幹部がセブン&アイ・ホールディングスに要請書を提出し、そごう・西武労働組合への全面支援を表明した。池袋を拠点とする他業態の労組も「取引先への誠実な対応」などを求める署名活動を行った、という。

豊島区長の嘆願書は「地域＝街」を守るためという前提であり、今回の労組の要請書は、そごう・西武の従業員とその家族の生活を守る、というスタンスである。当然どちらも間違ってはいない。

では逆に、ヨドバシの池袋進出計画は健全な商売、競争、経済活動なのか？と言えば、もちろんその通りだ。問題は、当事者だけでなく外野も含め、これほどいろいろな疑義や要

望が飛び交う事態は異常だと言うことに尽きる。

イメージダウン

セブン＆アイやヨドバシは、もう少しスマートな進め方が出来なかったのかと思う。ヨドバシカメラもそうだが、セブン＆アイは押しも押されもしない日本の小売のトップ企業である。セブン＆アイを利用する顧客へのマイナスイメージを考えたら、今回の売却をめぐるドタバタ劇が、企業ブランドに与えるダメージ（最近はレピュテーションリスクと呼ぶ）は、はたして彼らの許容範囲（想定内）なのであろうか？

２０１９年のセブンペイ導入の失敗を思い起こしたのは、筆者だけではあるまい。「大男、総身に知恵が回りかね」といったら辛辣すぎるであろうか？

※用語解説

レピュテーションリスク：企業に関するネガティブな評価が広まった結果、企業の信用やブランド価値が低下し損失を被るリスクのこと。

負の遺産

セブン&アイが売却を急ぐ理由については、いわゆるモノ言う株主（アクティビスト）からの圧力があると伝えられている。そごう・西武どころか、創業ビジネスであるイトーヨーカ堂でさえ整理の対象になっていると言う。先の投資家は、業界のガリバーであるコンビニエンスストア事業に特化、専念せよとセブン&アイに迫っているという。

セブン銀行でさえ増収減益と微妙な中、前述のセブンペイ同様、1月24日にはグループ横断のECサイト「オムニ7」も閉鎖された。7年にわたり同社グループのデジタル戦略の中心にあったオムニ7の閉鎖は、デジタル戦略の転換点と言うよりは、セブンペイやそごう・西武同様、それがセブン&アイの負の遺産であったという証左であろう。

DX（デジタルトランスフォーメーション）戦略も行き詰まり、百貨店も手放すことになり、セブン&アイは本業に集中せざるを得ない状況に追い込まれたのだ。

イオンを逆転も

1月13日、セブン&アイ・ホールディングスは2022年2月期の連結業績予想を、営業収益は期初予想より4130億円上乗せした8兆7220億円、営業利益は200億円上積みした4000億円となると発表した。

ライバルであるイオンが公表していた2022年2月期の営業利益予想である2000億～2200億円に対し、セブン&アイの上方修正は11年ぶりの逆転劇であったが、マスコミがこれを大きく取り上げることは無かった。マイナス報道によるイメージ悪化が、足元の好調な業績をかき消してしまった格好だ。前述したそごう・西武労働組合との労使交渉の動きを追ってみよう。

労使交渉

そごう・西武労働組合は、1年前の2022年1月末に同社株式の売却についての報道が出て以来、セブン&アイの経営陣に対し百貨店事業の継続と雇用の維持について事前協議を行いたい旨を再三にわたって求めてきたと言う。しかし「決定事項はない」の一点張りで、セブン&アイの井阪社長との面談実現は、報道から8カ月がたった2022年10月になってからだった。

協議の場すら与えられなかった労組側は、要望書を提出し協議の必要性を訴え、最後はセブン&アイの社外取締役や監査役にも意見書を出している。ところが面会がかなった2022年10月以降、説明を受けて分かったことは、①セブン&アイがフォートレスと譲渡契約を結んだこと。②フォートレスはヨドバシカメラをビジネスパートナーにすること。

これだけだったと言う。

雇用の確保や労働条件に関わることは労働協約上の協議事項となっているものの、セブン&アイは「何も決まっていないし、決まっていたとしても、秘密保持契約を結んでおり話すことができない」と繰り返すだけだ。これでは何も協議できていないのに等しいと労組側の不信感は強まる一方だ。当然労組側は、このままでは百貨店事業の継続と雇用の維持を担保できる根拠を得られず、組合員への説明責任を果たせないと憤る。

売却に反対ではない

株式譲渡はセブン&アイの専権事項であり、「何もかも反対する（という）つもりはない」と、そごう・西武労組の寺岡泰博中央執行委員長は言う。売却自体には一定の理解を見せる労組は、セブン&アイの交渉に何を求めているのか。

それはそごう・西武従業員の雇用の確保であることは、火を見るよりも明らかであり、競合百貨店13社の労組も当然これに賛同している。日本最大の小売業者であるセブン&アイ・ホールディングスが、同業の従業員の雇用確保を全く考慮しないということであれば、それこそ大問題である。

もし万が一、セブン&アイが、売却後のそごう・西武従業員の雇用についてはフォートレスやヨドバシの決めるコト、と嘯《うそぶ》くのであれば、顧客は「セブンは売りっぱなし」で販売者としての責任を考えていないと受け止める。「セブンは無責任な小売業者」というレッテルを貼られても、文句は言えない。

本紙の主張も同じだ。「モラルの欠如した商売は成り立たない」のだ。セブン＆アイは、説明責任を果たし、誠実にそして粛々と売却を進めて欲しい。そごう・西武労組も売却自体は容認しているのだから。

ヨドバシＨＤの構想

筆者の私見ではあるが、反対や疑問の声はあるものの、それでもヨドバシカメラの出店自体は変わらないだろう。ここまで日本中に「公になった」開発計画が撤回される可能性はゼロに近い。セブン＆アイや西武ホールディングス、そごう・西武、そして当事者のヨドバシカメラも、後には引けないところまで来ているからだ。

池袋の駅立地への出店はヨドバシカメラの悲願とも言える計画であり、紆余曲折はあるかもしれないが、出店自体は揺るがないだろう。

高野区長へのデパート新聞の取材は、２０２３年２月６日に豊島区広報課を通じて行われました。その言葉の端々から同氏が命を懸けて取り組んだ池袋に対する文化都市構想の執念ともいえる思いが伝わってきます。

（「デパート新聞」２０２３年３月１日号より抜粋）

池袋に公益文化を根づかせた巨人
高野之夫豊島区長　急逝　令和５年２月９日

私は、池袋に生まれ育ち、このまちを愛するがゆえに、区長になり、生涯を通して、池袋、そして豊島区の発展に命をかけてきました。池袋駅前は、戦後爆発的なエネルギーで巨大な闇市が出現し、新宿、渋谷と肩を並べるほどの大繁華街に発展してきました。しかし、生きるための無法地帯、闇市の「暗い、怖い、汚い」というイメージが植え付けられ、戦後７０年経ってもそのイメージがなかなか払拭されません。

区長になって6期24年間、財政破綻の危機や消滅可能性都市の指摘等のピンチを乗り越え、区民が夢と希望を持てる「国際アート・カルチャー都市構想」を打ち出し、長い時間をかけ、一歩ずつ文化によるまちづくりを進めてきました。こうした信念が結実し、池袋は東京の中でも存在感のある「価値あるまち」に大きく変貌しました。今では、「文化と経済の好循環を創出するモデル都市」として、文化庁からも高い評価を受けています。

「西武池袋本店」は、池袋の顔であり、まちの玄関です。1970年代に個性あふれる独自路線で一世を風靡した「セゾン文化」の伝統を今に受け継ぐ唯一無二の存在です。「文化」を軸に人々を惹きつけるその経営は、池袋のまちの品格と風格を創りあげるうえで、大きな役割と使命を担ってきました。これまで進めてきた池袋の文化戦略の一翼を西武鉄道のターミナルである「西武池袋本店」が地域と共に担い、牽引してきたのです。

2022年に豊島区は区制施行90周年を迎えました。これを記念して、昨年10月から「豊島大博覧会~過去から学び、今日を生き、未来へ希望~」を開催しています。この豊島大博覧会の告知を「西武池袋本店は豊島区とともに」というメッセージを添えて、店舗壁面バナーで大宣伝してくださるなど、区の取組みについて、館をあげて応援してくださいました。これは本当に嬉しかったですね。

他にも、２０１７年にはＦＦパートナーシップ協定を区内第1号で締結し、区と連携した子育てや育休復帰セミナーの開催、ダイバーシティ講演会やミュージックライブ等の会場提供など幅広い分野でご協力をいただいています。


池袋の顔であり、玄関である「西武池袋本店」の低層部へのヨドバシの出店は、「池袋＝家電のまち」のイメージを強めるばかりでなく、富裕層を含む幅広い社会層の人々や伝統から先端的文化、生活文化など、これまで育んできた池袋の文化や池袋全体のまちづくり構想を壊しかねません。

豊島区は、「国際アート・カルチャー都市」「ＳＤＧｓ未来都市」「ウォーカブル都市」を目指し、アートの力でまちを変革しようとこれまで、まちの人々と一緒になって、まちづくりに取り組んできました。

池袋の顔であり、玄関でもある「西武池袋本店」は、来街者の第一印象を決めるといっても過言ではないほど、大変重要なのです。ヨドバシの池袋出店に反対している訳ではありませんが、今まで地域と協力し、牽引してきたものをぜひご理解いただき、整合性をもって、まちづくりに参加していただきたいと考えています。

3月1日（水）
（令和5年・2022年）
第2705号
月2回（毎月1、15日発行）
新聞定価1か年15,000円（税込）
振替 00100-8-117925番

デパート新聞
THE DEPARTMENT STORE PRESS

発行所
㈱デパート新聞社
編集発行人 田中 潤
本社
http://www.departshinbun.com/

本号の内容
2面：3社商況、東京百貨店売上高
関東各社商品別売上高
3面：人事（そごう・西武、小田急百貨店、松屋）
NEWS（松屋百貨店）
4面：デパートのルネッサンスはどこにある？、英雄たちの経営力
NEWS（松坂屋）

池袋に公益文化を根づかせた巨人
6期24年
高野之夫 豊島区長 急逝
令和5年2月9日

高野之夫区長「豊島区提供」

【高野 之夫（たかの ゆきお）区長 略歴】
昭和12年12月25日生 豊島区生まれ
豊島区立池袋第五小学校（現池袋小学校）卒業
昭和35年3月 立教大学経済学部経済学科卒業
昭和58年5月～平成元年6月 豊島区議会議員（2期）
平成元年7月～平成11年3月 東京都議会議員（3期）
平成11年4月 豊島区長に就任

西武池袋本店のある豊島区の高野之夫区長は、昨年12月14日の会見で、百貨店「西武池袋本店」などを運営する「そごう・西武」が投資ファンドへの売却決定を受け、「西武池袋本店は池袋の顔であり、街の玄関である。」として、西武池袋本店の存続を訴える嘆願書を株式会社西武ホールディングスの後藤高志社長に提出したことを明らかにした。

高野区長は、昨年12月5日付けの嘆願書において、『「西武池袋本店」を運営する「そごう・西武」の売却先が、米投資ファンドの「フォートレス」・「ヨドバシHD」連合に決まったとの報道を受け、大きな衝撃を受けています。今後、どのようなかたちにせよ、大型家電量販店の「ヨドバシカメラ」が現在の西武百貨店の低層・主要部に出店することが想定されます。』と述べ、『「西武池袋本店」は、池袋の顔であり、まちの玄関です。また、「フォートレス」と連携する「ヨドバシHD」の低層部（1階～4階）への出店に対して、断固とした立場を貫き通していただき、これからも、「西武池袋本店」の存続に向けて、後藤社長のお力添えを賜りますよう、心よりお願い申し上げます』と結んでいる。

本誌は常日頃、デパートの「公益性」について論じている。街とデパートには公益性の観点が不可欠である。この側面から高野区長の西武池袋本店への思いを伺った。

豊島大博覧会の店舗壁面バナーの様子「豊島区提供」

「高野区長にとって、豊島区はどのような存在ですか。」

（高野区長）

私は、池袋に生まれ育ち、このまちを愛するがゆえに、区長になり、生涯を通して、池袋、そして豊島区の発展に命をかけてきました。池袋駅前は、戦後爆発的なエネルギーで巨大な闇市が出現し、新宿、渋谷と肩を並べるほどの大繁華街に発展してきました。しかし、生きるための無法地帯、闇市の「暗い、怖い、汚い」というイメージが植え付けられ、戦後70年経ってもそのイメージがなかなか払拭されません。

区長になって6期24年間、財政破綻の危機や消滅可能性都市の指摘等のピンチを乗り越え、区民が夢と希望を持てる「国際アート・カルチャー都市構想」を打ち出し、長い時間をかけ、一歩ずつ文化によるまちづくりを進めてきました。こうした信念が結実し、池袋は東京の中でも存在感のある「価値あるまち」に大きく変貌しました。今では、「文化と経済の好循環を創出するモデル都市」として、文化庁からも高い評価を受けています。

「豊島区、豊島区民、高野区長にとって、西武池袋本店はどのような役割、価値があると考えていますか。」

（高野区長）

「西武池袋本店」は、池袋の顔であり、まちの玄関です。1970年代に個性あふれる独自路線で一世を風靡した「セゾン文化」の伝統を今に受け継ぐ唯一無二の存在です。「文化」を軸に人々を惹きつけるその様相は、池袋のまちの品格と風格を創りあげるうえで、大きな役割と使命を担ってきました。これまで進めてきた池袋の文化戦略の一翼を西武鉄道のターミナルである「西武池袋本店が地域と共に担い、牽引してきたのです。

「これまで西武池袋本店と区はどのような連携をされてきましたか」

（高野区長）

2022年に豊島区は区制施行90周年を迎えました。これを記念して、昨年10月から「豊島大博覧会～過去から学び、今日を生き、未来へ希望を～」を開催しています。メイン会場となる豊島区立郷土資料館では、豊島区における90年の歩み、文化によるまちづくりのもと目覚ましい変貌を遂げた現在、100周年に向けた未来像をジオラマや300点以上の歴史資料、美術・文学作品などを用いて展示しています。

初日には900名以上の方が来場され、1984年に郷土資料館が開館して以来かつてない程の大反響、大盛況となっていますが、この豊島大博覧会の告知を「西武池袋本店は豊島区とともに」というメッセージを添えて、店舗壁面バナーで大宣伝してくださるなど、区の取組みについて、館をあげて応援してくださいました。これは本当に嬉しかったですね。

他にも、2017年にはFFパートナーシップ協定を区内第1号で締結し、区と連携した子育てや育休復帰セミナーの開催、ダイバーシティ講演会やミュージックライブ等の会場提供など幅広い分野でご協力をいただいています。

西武池袋本店での「豊島区 ダイバーシティ講演会」の様子「豊島区提供」

西武池袋本店での「としまミュージックサークル」の様子「豊島区提供」

「西武池袋本店への家電量販店の出店が予想されていますが、デパートと共に池袋のまちの価値を認識し、守り、発展させるにはどのような取り組み方が相応しいでしょうか。」

（高野区長）

池袋の顔であり、玄関である「西武池袋本店」の低層部へのヨドバシの出店は、「池袋＝家電のまち」のイメージを強めるばかりでなく、高齢層を含む幅広い社会層の人々や伝統から先端的文化、生活文化など、これまで育んできた池袋の文化や池袋全体のまちづくり構想を壊しかねません。

豊島区は、「国際アート・カルチャー都市」「SDGs未来都市」「ウォーカブル都市」を目指し、アートの力でまちを変革しようとこれまで、まちの人々と一緒になって、まちづくりに取り組んできました。池袋の「暗い、怖い、汚い」イメージはなかなか払拭されませんが、池袋の顔であり、玄関でもある「西武池袋本店」は、来街者の第一印象を決めるといっても過言ではないほど、大変重要なのです。ヨドバシの池袋出店に反対している訳ではありませんが、今まで地域と協力し、牽引してきたものをぜひご理解いただき、整合性をもって、まちづくりに参加していただきたいと考えています。

（敬称略）

＊お断り＊

豊島区の高野之夫区長は、2月9日にご逝去されました。心よりご冥福をお祈り申し上げます。このインタビュー記事は、生前、豊島区広報課を通じて質問形式で取材をし、2月6日にご回答を頂いた内容をまとめたものです。

高野之夫豊島区長の急逝を伝える「デパート新聞」2023年3月1日号

◎２０２３年４月１５日号

【そごう・西武売却９】

セブン＆アイへの通告　前編

３月２７日、セブン＆アイ・ホールディングスの井阪隆一社長が退任要求を突き付けられた、という一報が入った。いわゆるモノ言う株主からの提案だ。

今回のモノ言う株主（アクティビスト）は、米バリューアクト・キャピタルを指す。彼らは５月開催予定の株主総会で、セブン＆アイの井阪社長の再任に反対する株主提案を行うと通告して来た。

退任要求

井阪社長の解任要求はこれが始めてではない。１度目は２０１６年に、カリスマ経営者であり「小売りの神様」とも呼ばれた鈴木敏文氏（当時のセブン＆アイ会長兼ＣＥＯ）からだ。その時井阪氏はセブンイレブン・ジャパンの社長であったが、当時の伊藤名誉会長が井阪氏解任に反対し、鈴木氏との確執が表面化する事態となった。

結果的には、セブン&アイの中興の祖であり最大の功労者であった鈴木氏が第一線を退き、トップ同士の暗闘の幕が降りた。奇しくも、その伊藤氏が鬼籍に入って2週間とたたない3月23日に2度目の解任要求となったわけだが、今回は助けてくれる創業者はいない。

アクティビスト

さて、今回の主役はモノ言う株主の米バリューアクト・キャピタルだ。5月の株主総会で、井阪氏解任の株主提案を行うというのだが、その理由は明解だ。セブン&アイは祖業であるイトーヨーカ堂の分離の遅れや、そごう・西武の不振とその売却を巡る混乱により、多角化で企業価値が低下する、いわゆるコングロマリットディスカウントから抜け出すことができない、というのだ。

元々、そごう・西武をセブン&アイに引き入れたのは鈴木氏であることを考えると、因果応報と言うか、皮肉な結果だ。創業者である伊藤氏の逝去のタイミングで、中興の祖である鈴木氏を退けた井阪氏が、グループの負の遺産と化したそごう・西武の売却を巡って、投資家から退任を迫られるという構図だ。

井阪氏は7年前に「小売りの神様」鈴木氏の逆鱗に触れたものの、辛くも逃れた。しかし結局、その呪縛から逃れることは叶わなかったのだ。まるで、出来過ぎた経済小説のような結末だ。もちろんまだ、解任が決定した訳ではないが。

売却が難航

セブン&アイは、2023年2月期に営業収益が国内の流通業で初めて10兆円を突破する見通しだ。ライバルであるイオンを逆転し小売業のトップに返り咲き、業績が絶好調であるにもかかわらず、退任要求が出された訳だ。モノ言う株主から見れば、井阪社長の改革は遅すぎるというダメ出しである。

アクティビストから愛想を尽かされる元となったのが、前述の通り百貨店子会社であるそごう・西武の売却（譲渡契約交渉）における混乱だ。

バリューアクトにそごう・西武の切り離しを迫られたことから、昨年11月に米フォートレス・インベストメント・グループへの売却を決定したものの、当初2月1日だった譲渡契約の実行日を延期。3月中の完了を目指して交渉を続けていたが、事態は好転するどころかより混沌とし、遂に3月30日に再度の延期を決定した。

もちろん、ギリギリまで粘っての1日前の延期発表であろうが、2ヶ月で何とかなるという判断自体が間違っていた事になり、関係者は皆一様に呆れているのだ。

ヨドバシＨＤの思惑

こうした事態を招いた原因は、そごう・西武の旗艦店である西武池袋本店の改装案、つまり「池袋西武へのヨドバシカメラ出店」プランである。ヨドバシカメラが店内のどこに入居するかでフォートレス＋ヨドバシ連合とそごう・西武とは合意に至っていないのだ。亡くなった高野之夫豊島区長や商店街も巻き込み、労組やマスコミなど、様々なステークホルダーの暗躍と思惑については、お伝えした通りだ。

そして争点は、ヨドバシカメラの入居区画について、セブン＆アイやそごう・西武の当初の想定をはるかに上回る好立地かつ広範囲のスペースを要求していること、という話が業界内でまことしやかに囁かれている。

２度あることは……

新たに判明したヨドバシ側が提示する池袋西武改装案について、ヨドバシ側とそごう・西武の協議は一向に収束する気配がなく、地権者である西武ホールディングスにも具体的な改装案を提示できないままでいる。間を取り持つはずのセブン＆アイも焦っており、それが再度の譲渡契約の実行日の延期に繋がったのだ。

いずれにしても、契約実行日までの猶予は残りわずかだ。セブン&アイが、というか井阪社長が、バリューアクトによる再任反対を押し返したいなら、2度の延期は本来許されない。3度目の正直で、セブン&アイが無理にでも押し通して契約を実行するのか、注目が集まっている。


さて、セブン&アイの取締役4人の株主総会での再任に反対しているアクティビストについて。日本ではモノ言うこと自体が騒ぎになっているが、そもそも欧米では株主が、自らが株を保有する企業に意見するのは、ごく普通のことであり「日本の株主が大人し過ぎるのでは」という話なのだが……

コングロマリットディスカウント

米バリューアクト・キャピタルは、セブン&アイ・ホールディングスに対し「企業戦略の失敗」を理由に取締役14人のうち4人の解任を働きかける意向を通知した、と3月24日付のロイター通信が伝えた。もちろん事実上の退任要求だ。

セブン&アイ株の4.4%を保有するバリューアクトは1月、同社経営陣にコンビニ事業の分離を求めていた。（※たったの4．4％か、という話はまた別の機会に……）

バリューアクトは書簡で、セブン＆アイとの数ヶ月にわたる対話が成長加速や収益および企業評価の改善を目指す戦略につながっていない、と不満を表明した。シナジー効果と構造改革を約束したものの、セブン＆アイの事業において経営的失敗が繰り返された結果、多角化で企業価値の評価が下がるコングロマリットディスカウントに陥ったとしている。

聞きなれないコトバだが、実態は「多角化による弊害」であろうか。ちょっと乱暴だが、筆者は日本の諺《ことわざ》「大男、総身に知恵が回りかね」と意訳した。

バリューアクトはガバナンスの失敗を巡り4人の取締役を非難しているが、セブン＆アイはバリューアクトから取締役選任議案に関する株主提案を受け取ったことを認めたうえで「提示された内容については、取締役会で精査・検討を進める」とコメントするに止まった。

話は聞いたが納得はしていない、決着は株主総会で、という意味だ。

◎2023年5月1日号

【そごう・西武売却10】

セブン&アイへの通告　後編

従業員からも

セブン&アイの株主である一部の従業員やOBが、売却差し止めを求めている。また、そごう・西武労働組合の寺岡中央執行委員長も「そごう・西武の社員として入社しているわけですから、そごう・西武の社員として働くこと、これを前提とした雇用の場の確保をお願いしたい」と直球の正論をぶつけて来ている。

モノ言う株主はセブン&アイが「コンビニ事業に集中すること」を求めており、今更売却をやめるわけにもいかないという切実な事情がある。セブン&アイと言うより井阪社長は、そごう・西武の売却を延期はしても、最後は実行するしか道はないのだ。

ここで少しだけ、セブン&アイ（イトーヨーカ堂とセブンイレブン）の来歴を振り返ってみよう。それは、2人のカリスマ経営者、伊藤雅俊と鈴木敏文の物語だ。

突然の訃報

2023年3月10日、イトーヨーカ堂の創業者で、総合スーパーやコンビニエンスストアなどを傘下に持つセブン&アイ・ホールディングスの伊藤雅俊名誉会長が98歳で亡くなった。「精神的な支柱を失い、社内は悲しみに包まれている」と、イトーヨーカ堂幹部。

栄枯盛衰

伊藤雅俊氏は1958年、家業の洋品店をもとにイトーヨーカ堂の前身となる衣料品店「ヨーカ堂」を東京・足立区に設立して社長に就任。その後、アメリカのスーパーを参考に、品揃えを食品だけでなく生活用品にまで拡大した「総合スーパー事業」に乗り出し、社名を「イトー・ヨーカ堂」に改めた。

1973年5月にファミリーレストランの「デニーズ」を、そして同年11月に盟友である鈴木氏の力を借り、コンビニエンスストア「セブンイレブン」を設立するなど幅広い事業展開に着手し、イトーヨーカ堂を国内有数の流通グループである「セブン&アイ・ホールディングス」に成長させていった。ところが1992年に総会屋への利益供与事件が起き、責任をとって社長を辞任。2005年にセブン&アイの名誉会長になり経営の一線から退いた。名実共に経営は鈴木氏にバトンタッチされたものの、イトーヨーカ堂の従業員たちにとっては創業者として精神的な支柱であり続けた。

今ではイオンと双璧をなす国内有数の流通グループとなったセブン&アイだが、当初は中内功氏率いるダイエーや堤清二氏率いるセゾングループなどが先んじて巨大な流通グループを全国展開しており、イトーヨーカ堂は関東のスーパーチェーンに過ぎなかった。

生き残ったセブン&アイ

1990年代、バブル崩壊を期に、ダイエーやセゾンといったガリバー達の足元が崩れ始める。ダイエーは産業再生機構の支援を受けた後、丸紅を経て、イオングループの傘下に下った。セゾングループは、西武百貨店が民事再生法の適用を受けそごうと経営統合し、そごう・西武となったが、最終的にはセブン&アイの傘下に入った。この買収を主導したのが、セブン&アイ・ホールディングスの現名誉顧問、当時のCEO「小売の神様」鈴木敏文氏である。

30年の時を経て、ダイエーとセゾンの時代からイオンとセブン&アイの時代となったのだが、歴史は繰り返すのが世の習いだ。井阪社長への退任要求など、そごう・西武の売却の成否によっては大きな混乱は必至だ。新たな統合や、小売業界全体の再々編に繋がるかもしれない。セブン＆アイは生き残ったとしても、近い将来、百貨店も量販店も切り離したコンビニ専業となり、アイ（イトーヨーカ堂）が抜けた、ただのセブン（イレブン）になるのかもしれないのだ。

モノ言う株主

今度は視点を変えて、反対側から見てみよう。

セブン＆アイは株主に翻弄されている。米投資会社バリューアクト・キャピタル・マネジメントはこう訴えているのだ。曰く「イトーヨーカ堂を分割、売却し、コンビニ事業に注力すべき」と。提案を実施すれば、純利益は中期経営計画の「1．4倍超」株価は「1．85倍超」になる、とも。

これに対し、セブン＆アイが打ち出した対案は（実態は折衷案だが）削減案だ。傘下のスーパー、イトーヨーカドーの不採算店舗33店舗の閉鎖を発表し、今後3年間で、現在の約7割、ピーク時の約半分にまで店舗を減らすという、ＩＹとしては踏み込んだ内容だ。

但し当然、バリューアクトは納得していない。彼らの論点は、セブン＆アイが「イトーヨーカ堂を持ち続けるメリットがあるかどうか」なのだから。もう少し具体的に言うと、共同商品開発、共同仕入など「コンビニとスーパーのシナジー効果」があるかどうかなのだ。

セブン&アイの反論

セブン&アイによると、立地要因を除き、消費者がコンビニを選ぶ時は、その半数近く（46%）がセブンイレブンを選択している、と言う。そしてその理由の3分の2が「食品の美味しさと品揃え」だというのだ。筆者はこの意見に、正直頷《うなず》かざるを得ない。

セブンイレブンの優位性は、プライベートブランドである「セブンプレミアム」の品質であり、それはすなわちイトーヨーカ堂の品質管理であり味へのこだわりだ、という。セブン&アイが訴えるシナジー効果は、こういった目には見えない優位性の積み重ねだ、というのだ。

3月9日の中期経営計画発表後、株価は4．1%上昇。上場来高値を更新した。市場からは一定の評価を得たようだ。

共同歩調？

前編で言及した「たったの4．4%で」の解説をしておこう。

バリューアクトが保有するセブン&アイの株式は4．4％。大株主とはいえない比率にもかかわらず、圧力をかけることができるのはなぜか。それは、バリューアクトが、他の株主と共闘して企業に相対し、共同歩調を取るからだ。

アクティビストの仕事は、企業価値（株価）向上策を提案し、株価を上げ、売却して利益を得ることなのだ。2000年代以前に多かったハゲタカや乗っ取り屋に比べ、保有する株式は極めて少ない。それは、彼らが経営権の獲得を目的としていないからだ。多くは、株主提案可能な株数を取得し、他の株主と共同戦線を張り、企業側に自分たちの改善案を呑ませる手法を取るのだ。

もちろん共同戦線を張るには、改善案が私益ではなく全株主の利益のためであることを、他の投資家に納得してもらわなければならない。そのためバリューアクトは、セブン&アイを長期間調査し、分析結果を75ページもの提案書にまとめ公開している。その骨子は以下4点だ。

1．イトーヨーカ堂の売却。
2．セブンイレブンへの注力。
3．そごう・西武の売却完了。
4．国外セブンイレブン運営の見直し。

シロウトが聞いてもなるほどと思う、至極妥当な提案に思える。

株主達の判断は

セブン&アイ・ホールディングスは4月18日、井阪隆一社長らが続投する取締役人事案を公表し、5月の定時株主総会に諮《はか》る。一方、米投資ファンドのバリューアクト・キャピタルが、井阪氏ら4人の退任を求める株主提案をしていたことは、前号で詳しく伝えている通りだ。

セブン&アイは株主提案に反対し、井阪氏らの続投について「最適な体制であると確信している」としている。株主たちは、どのように受け止めるだろうか。

企業は誰のモノか　誰のためのモノか

・マイカンパニー

セブン&アイに限らず、日本の経営者は（創業者に限らず）自社を「わが社＝マイカンパニー」と呼ぶ。

・アワカンパニー

昨今のコンプライアンスとか、ガバナンスといった状況を考える企業は「わたくしどもの会社＝アワカンパニー」と呼ぶ。お客様や社員、取引先からそう言ってもらえるのが理想だという考えだ。

・ユアカンパニー

一方でアクティビストの聖地アメリカでは、株主に対して自社を「あなたの会社＝ユアカンパニー」と表現するのが普通だという。

さすが、株主資本主義の米国は違う。こういったコトを理解していないと、セブン＆アイによる、今回のそごう・西武売却の行方、是非を見誤ってしまうかもしれない。

筆者は、セブン＆アイは日本の企業なのだから日本流を貫《つらぬ》けば良い、等とガラパゴス化推進協議会の様なコトは言いたくない。（もちろんそんな団体は存在しない。）

だからと言って「株主良ければすべて良し」という株主至上主義に与《くみ》する気も毛頭ない。

公益

わが国の小売の世界には昔々から「三方良し」「先義後利」の考え方が根付いているはずではないか。

社員（労働者）、消費者、取引先に（もちろん株主にとっても）、ベストではなくともベターな決着を模索して欲しい、と筆者は願う。そして可能な限り周辺施設や企業、自治体の意向も勘案して欲しい。それこそが本紙が提唱する「公益」のスローガンの神髄だ。この公益という理念こそが、絶滅危惧種たるデパートを存続させるキーワードなのだ。

バリューアクトとヨドバシが、そしてそれに従うセブン&アイが、株主と自社の利益だけを考えて行動し、そごう・西武の従業員や、池袋西武の顧客を蔑ろにすることは許されないのだ。

◎2023年6月1日号

【そごう・西武売却11】

迷走するセブン&アイ　前編

モノ言う株主の要求退け社長の続投を可決

セブン&アイ・ホールディングスは25日午前、東京都千代田区で定時株主総会を開催し、井阪隆一社長の続投を可決、井阪氏を含め会社が提案した取締役15人の選任を承認した。モノ言う株主である米投資会社バリューアクト・キャピタルは株主提案で、経営方針を巡り対立する井阪氏の退任を求め委任状争奪戦を展開したが、他の株主から十分な賛同を得られず、結果として退任要求は退けられた。

井阪氏は総会で、2023年2月期連結決算の好業績を強調し、自身を中心とする経営体制で「世界トップクラスのグループへの飛躍を目指すことが可能だ」と訴えた。これに対しバリューアクトは、井阪社長、後藤副社長らに代わり、弁護士ら4人を選任するよう提案していた。

セブン&アイは、バリューアクトが企業価値向上に向けた抜本的な改革として求めたコンビニ事業の即時切り離し+コンビニ事業の独立を拒否した。業績不振が続く総合スーパー、イトーヨーカ堂の売却要求に対しても、不採算店の閉鎖などで改善を進める方針を示した。井阪氏はヨーカ堂が持つ生鮮食品などの調達力を生かした相乗効果を強調した。

そごう・西武売却は、2度の延期の末、遂に無期限延期となってしまった。このディールがいつ再開されるかは、我々外野には分からない。いずれにしても、親会社であるセブン&アイの迷走が売却の長期化、泥沼化の原因であることは明白であり、巡り巡って本シリーズも長期化しているという訳だ。

そごう・西武の社員や取引先、テナント、そして顧客はヤキモキしているはずだ。そういう意味でも、モノ言う株主の井阪体制批判は間違っているとは言えない。

四面楚歌の井阪体制

セブン&アイは小売業としては、初の売上高11兆円超を達成した。しかし、好事魔多し、バリューアクト・キャピタルの攻勢を受け、防戦一方だ。前述の様に5月25日の株主総会で、アクティビストの攻勢を一旦は押し止めた形だが、過去の負の遺産の処理を巡り、先行き不透明の状態が続いている。

これまで「西武百貨店池袋本店がヨドバシカメラに変わるのか」をメインテーマとしてこの事案を見守って来た。しかし、セブン&アイからヨドバシカメラの代理人であるフォートレスへの売却自体が延期された。その理由がセブン&アイの大失態にあることは事実である。業界紙として、小売の巨人であるセブン&アイは一体どうするのかを追うのはジャーナリズムの鉄則である。今しばらくこの騒動にお付き合い願いたい。

株主総会での争点

セブン&アイは当初から、イトーヨーカ堂の再建が、コンビニの商品開発に必要だと主張し、株主総会に向け、アクティビストからの解任要求を拒むスタンスだった。だが、とうの昔に処理すべきはずのそごう・西武売却を無期限延期にせざるを得なくなり、行き詰まってしまった格好だ。こうした井阪体制のガバナンス不全については、社内からも疑問の声が上がっており、井阪社長は大事な株主総会を前に、文字通り四面楚歌の状態となってしまっていたのだ。

セブン＆アイをグループ全体で見ると、小売業で初めて売上高１１兆円を突破し最高益を記録するなど絶好調と言って良い。にもかかわらず、アクティビストから社長以下４人の取締役の実質的な退任を要求されていたのは前述の通りだ。

アクティビストの狙いは、好調なセブンイレブン（コンビニ事業）だけを分離・独立させ、ヨーカ堂やそごう・西武を切り離せというものだ。なぜならセブンイレブン以外の事業は不採算となり、長期に渡りグループ全体の足を引っ張っているからだ。更には、そうした状況を一向に解決しない井阪体制に退場を迫ったのだ。

バリューアクト・キャピタルの主張

公正を期すため、バリューアクトの反論を記す。問題点が鮮明になると思うからだ。

「セブン＆アイ・ホールディングスは非常に高いポテンシャルを持つ企業です。しかし更なる成長には強力なリーダーシップが必要です。井阪社長は7年に亘り、経営トップの座に就いていますが、実績を見れば、その実力は不十分だと言わざるを得ません。」

「私共は常に長期的な視点で企業との関係を重視する投資家であり、今回の様に株主提案にまで踏み切るのは極めて珍しいことなのです。バリューアクトの23年の歴史の中でも、今回が2回目であり、実に17年ぶりのことです。決して軽い気持ちで提案を行っているのではないのです。」

「具体的な井阪社長の評価については、実績もさることながら、リーダーシップや意思決定、また説明責任について、大変問題があると考えています。実際、そごう・西武の売却の不手際に代表されるように、井阪社長は就任以来、自身が打ち出してきた約束を破り続けてきたのです。」

「セブン&アイの多くの従業員もそのことに気づいており、同社が実施したエンプロイーエンゲージメント（会社に対する従業員の愛着度）に関するアンケート調査によれば、従業員の仕事への熱意は極めて低い状況になっています。」

「この2年あまり、セブン&アイの取締役会にデータ分析に基づいた何千ページにも及ぶ資料を提出し、客観的なファクトに基づく提案を行って来ました。しかし井阪社長には、それに真摯に応える態度が全く感じられませんでした。そして、井阪社長以外の取締役についても、長年セブン&アイの取締役でありながら、改革を実行できておりません。」

「今回提案している新たな取締役候補は、いずれも変革や戦略の実行に対する経験が豊富で、非常に優れたビジネスリーダーたちです。彼らは新しい視点をセブン&アイにもたらし、戦略オプションの検討やその執行状況の監督に貢献してくれると思います。こうした理由から井阪社長らトップ４人には退任していただき、取締役をリフレッシュするために株主提案に踏み切ったのです。」

「セブン＆アイには以前からコンビニ事業のスピンオフ（分離・独立）を求めてまいりました。これまでに行った何百もの企業への投資経験から、『選択と集中』は企業の長期的な目標達成に貢献すると考えています。セブン＆アイにとっても、コンビニ事業のスピンオフは企業として大きく成長する有力な手段の一つとなると思います。」

「われわれの試算では、セブンイレブンをスピンオフさせ、同業他社並みに成長させれば、株価は今後６年間で３倍程度上昇するでしょう。それにもかかわらず井阪社長は、コンビニとスーパーという異なる事業間に『定量化できないシナジーがある』と繰り返すばかりです。」

「１８年前に持ち株会社体制にして以降、セブン＆アイは中期経営計画を出すたびにヨーカ堂の構造改革を進めると言い続けて来ました。つまり国内に約１００店舗展開するヨーカ堂の再建に注力するあまり、世界に８万店以上ある、成長の原動力でもあるセブンイレブンに注力しきれていないのは明白です。」

「セブン＆アイは、セブンイレブンで取り扱う食品をヨーカ堂の社員が開発しているからヨーカ堂が必要だと主張しています。確かに開発メンバー130人のうち約80人は、ヨーカ堂など他のセブン＆アイ傘下のスーパーストアの従業員であるということも理解しております。しかしその人数は、全グループ従業員の0．2％に過ぎず、さらに言えば、セブンイレブンとヨーカ堂の資本関係がなくなったとしても、この130人が一緒に仕事ができないということにはなりません。」

「世界を見回すと、ジョイントベンチャーを作り、企業の枠を超えて協力するという例は多くあり、セブンイレブンがスピンオフして独立したとしても、コラボレーションは実現できます。従って、セブンイレブンと建て直しが困難なイトーヨーカ堂を同じホールディングカンパニー傘下に置く理由はないと考えています。」

「優れた企業は、優れたリーダーシップによって生まれるのが世界の常識です。セブン＆アイが、よりすばらしい企業になるためには、今、変化しなければなりません。そのために事実を基に、引き続きセブン＆アイやその株主に呼びかけてまいります。」以上。

オリンパスとソニーのジョイントベンチャーを成功に導いたバリューアクト。その自負が表れた提言であり、シロウトが聞いても納得出来る内容だ。バリューアクトにとって株主総会での否決は想定内であり、彼らにとってはまだ第1ラウンドが終わったに過ぎない。

◎２０２３年７月１日号

【そごう・西武売却１２】

迷走するセブン＆アイ　後編

イトーヨーカ堂が店舗の４分の1を削減

アクティビストの主張に対し井阪社長が株主総会で主張した、本業であるイトーヨーカ堂のリストラについてからスタートしよう。

５月の株主総会でもプロキシーファイトの焦点となった祖業撤退は本当に進むのか？セブン＆アイ・ホールディングス傘下のイトーヨーカ堂は、構造改革を推進している。具体的な中身を見て行こう。

セブン＆アイは、２０２６年2月末までに全国１２５店舗のイトーヨーカドーの中で、４分の１に当たる３３店舗を閉鎖することを決定した。同時に祖業であるアパレル事業からも撤退するとの意向を明らかにしたのだ。

こうした改革に着手した同社は、アクティビストの求めているセブンイレブン事業のスピンオフ（分離独立）を回避した後、どこに向かおうとしているのだろうか。

イトーヨーカ堂興亡史

ここでちょっと過去に遡ってみたい。

総合スーパーで知られるイトーヨーカ堂の母体は、１９２０年に浅草で創業した「羊華堂洋品店」である。百貨店以外の小売が、ほぼ専門店一色であった１９６０年代に、元々洋装店であった店舗を「衣・食・住」の商品を1店舗に結集させせワンストップショッピング化したのだ。

これだけでも、かなり画期的な小売モデルなのだが、ヨーカ堂は更に、それを定価ではなく廉価で販売する事業モデルに転換したのだ。こうして、先行するダイエーや西友など、他の総合スーパーと同様、消費者の支持を得ることに成功した。それから３０年、バブル崩壊後の１９９０年代、売上が低迷する百貨店に代わって、成長し続けたのが量販店＝総合スーパーであるが、好調期はいつまでも続かない。１９９０年代初期に大規模小売店舗法の規制が大幅緩和されたことで、大規模小売店の出店ラッシュが始まったのだ。総合スーパーは店舗数が過剰になったことで1店当たりの販売効率が低下し、多くの店舗で収益が悪化し始めた。

新たなライバル

苦戦を強いられた要因はそれだけではない。皮肉な事に、ヨーカ堂が捨て去ったはずの専門店の逆襲が始まったのだ。

2000年代に入り、無印良品やユニクロ、しまむら、ニトリといった、安価で高品質な商品を扱う専門店が日本市場に再び台頭してきたのだ。これにより、ヨーカ堂の収益の柱だったアパレル事業（後には日用品も）は、集客力や価格競争力で見劣りする様になった。総合スーパーの凋落の始まりだ。

ヨーカ堂はこういった環境変化に対し、衣料品ブランドの製造小売化（SPA）などの事業改革を試みたが、アパレル事業の売上はみるみるうちに減少した。2005年の3000億円超から2018年の1500億円へと、13年で半減したのだ。ユニクロショックとでも呼べば良いのだろうか。

アパレル事業の停滞により、ヨーカ堂全体の営業収益は、2000年代初頭に1．5兆円だったものが、20年後には3分の2の1兆円まで下落した。それまで小売業界でトップを争っていたヨーカ堂は、窮地に立たされることとなった。
なぜこのような状況に陥ったのか？　問題の根源はその強いビジネスモデルにある。

変革を妨げるモノ

強固なビジネスモデルであればあるほど、ユニクロの台頭の様な環境変化により、ビジネスモデル全体が大きな影響を被る。ヨーカ堂は、その強固なビジネスモデルがゆえに、環境変化について行けずに苦しむ結果になったのだ。

ヨーカ堂は、シングルの若年層からファミリー層まで、老若男女問わず幅広い顧客を想定していた。こうした顧客層に対し低価格で多様な商品を提供していた訳だ。広い顧客層に対して購買頻度の高い食料品をフックに先ず来店して貰い、その後、比較的利益率の高い日用品や衣料品等もついで買いして貰うという構造だ。こうして1客当たりの単価を高め、トータルの利益を高めたのだ。こうしたビジネスを実現するためには多品種・大量仕入れが必要であり、そのための素早く正確な商品補充や在庫管理といった強いオペレーション力が大前提となる。

顧客行動の変容

顧客行動サイクルの大前提であった「ついで買い」が専門店に取って代わられたことにより、それまでのビジネスモデルは成立しなくなった。ヨーカドーで食品を買っても、衣料品や日用品には見向きもせず、近隣のユニクロやしまむらに行ってしまうのだ。結果として、ヨーカドーのトータル売上は低迷し、利ザヤの低い食品だけが売れ収益が悪化する、という負のスパイラルに陥ってしまった。

再起を図ろうと、何度も変革に挑戦してきたヨーカ堂であるが、ひとたび築いた強固なビジネスモデルの再構築は困難だった。結局、食品での集客が稼働したとしても、衣料品、日用品で稼ぐモデルである以上、その非食品アイテムが活性化しなければ収益が低迷するのは自明の理だ。

今回の店舗削減とアパレル事業撤退は、ヨーカ堂が再起を図るための大胆な変革の最後の一手ではあるのだろうが……

首都圏の食へ集中

ヨーカ堂の親会社であるセブン＆アイ・ホールディングスは、２０２５年までの中期経営計画を修正し、グループ戦略を食テーマにフォーカスすると発表した。これに合わせて、ヨーカ堂も首都圏の食に集中することで再起を目指す目論見だ。

市場を見れば、グループの店舗密度が高い首都圏での食のマーケットは大きく、当然伸びも期待できる。２０２３年２月に東京都が公表した予想からも、首都圏人口は２０３０年までゆるやかな増加傾向であり、しばらくは大幅な減少は想定されていない。競合についても（これが最大の要素だと筆者は思うのだが）新たに参入しようにも、首都圏は地方に比べて広い空き地が極端に少なく、出店余地はほぼ皆無といって良い。特に、駅前や駅近の一等地は、すでにヨーカ堂が押さえている。これほどの参入障壁は中々ないだろう。

選択と集中の死角

特定の顧客や地域などにターゲットを絞り、経営資源を投入する戦略により、ヨーカ堂は競合他社に対して効果的かつ効率的に戦おうとしている。加えて、食に集中する戦略により、売上を上げつつコストカットも収益性を高めることも出来るという訳だ。

また総合スーパーからアリオ等のショッピングセンター事業への転換という、もう１つの戦略にも好影響をもたらすだろう。なぜなら、食に集中することで店舗の魅力が高まれば顧客を一層集めることができ、有力テナントのさらなる誘致につながるからだ。それこそ、かつてドル箱であった衣料品シェアを奪った「ユニクロ」に、今度はテナントとして入居して貰い、賃料でＳＣ事業に貢献して貰う、という寸法だ。これも皮肉と言えば皮肉だが。では、この戦略にリスクは存在しないのかというと、ヨーカドーの食への集中、即ち「食の強み」に死角があるのだ。

グループ内競合

セブン＆アイ・ホールディングスのメインの事業は、言うまでもなくコンビニエンス事業だ。そのコンビニ「セブンイレブン」は、同業他社であるファミリーマートやローソンに比べ何が強みかと問われれば、食であろう。セブンイレブンが食に集中し食を強めると、同じグループであるヨーカドーが最大の競合相手になってしまう、ということだ。

当然「総合スーパーや大型ショッピングセンターとコンビニは土俵が違う」という反論が聞こえて来るだろう。だが、本当にそうだろうか。そもそもコンビニ事業が好調でスーパー事業が不振なのも、業種の垣根を越えた新たな競合関係が首都圏の狭いエリアで現出しているからではないのか。

生活者＝消費者は、自身の限られた時間やライフサイクルによって、コンビニやスーパーだけでなく百貨店をも使い分けている。セブン＆アイは現実的に、グループ内競合の沼にはまってしまった。これは、そもそも首都圏の食におけるセブンイレブンとヨーカドーの優位性があってのことなのだ。皮肉なことではある。

シリーズそごう・西武売却の焦点は、日本有数の大型デパートである池袋西武が「ヨドバシカメラに乗っ取られる」という百貨店業界全体の危機感へと進んでいる。

しかし、その根本原因は、そごう・西武の売却を無期限延期にせざるを得ない所まで追い込まれた親会社であるセブン&アイの迷走にある。

セブン&アイ・ホールディングスの2023年2月期の連結営業収益は前期比35%増の11兆8千億円だった。日本の小売業で初めて10兆円を超え、正に偉業を成し遂げたのだが、それをお祝いする空気は全くない。

セブン&アイは自らが成し遂げた偉業を、そごう・西武売却の迷走によって帳消しにしてしまったのだ。小売業全体のエポックメーキングであったにもかかわらずに、だ。大変残念だ。

◎2023年7月15日号

【そごう・西武売却13】

セブン&アイによる「池袋西武ヨドバシ化」再び

西武百貨店池袋本店

1940年に旧西武百貨店が開業した西武池袋本店。昭和15年生まれということは御年83歳となり、日本人男性の平均寿命に等しい。だからと言って、デパートとしての魅力が尽きたとは思わない。もはや池袋西武は、呉服店系の老舗百貨店と電鉄系の駅上デパートという単純な図式には収まらない存在だからだ。顧客が、新宿伊勢丹や銀座三越に比べ、梅田阪急や池袋西武を格下に見る理由は存在しない。もちろん立地からくる利便性や、趣味嗜好の問題はあるだろうが……

話を戻そう。2023年、株主総会をどうにか乗り切ったセブン&アイの井阪社長が、ヨドバシホールディングスとの仲介役である米投資ファンド、フォートレス・インベストメントの命を受け、再び蠢《うごめ》きだした。

ヨドバシカメラ導入プラン

セブン&アイ・ホールディングスの井阪隆一社長が、あろうことか「西武池袋本店へのヨドバシカメラ導入プランは、そごう・西武が自分たちで作ったことにして欲しい」と発言した、と伝え聞いた。業界ではこんな話がまことしやかに聞こえて来る。良くある「関係者によれば」というニュースソースであるが……それが6月の初めにそごう・西武の林社長を呼び出しての発言、という細かい状況まで聞こえてくるのだから、念の入った話だ。

セブン&アイによるそごう・西武の売却劇が、また新たな局面を迎えている。

既存店の玉突き

5月25日にセブン&アイが定時株主総会を終えると、事態は再び胎動を始めた。セブン&アイが「ヨドバシSCプラン」と呼ばれる改装案を自ら作成し、関係者への根回しに走っているというのだ。

ヨドバシカメラ入居に伴う「池袋西武改装プラン」は、池袋西武の本館北〜中央ゾーンにターゲットを絞って進められる。店舗内の一等地といえる池袋駅直結の本館北〜中央の地下1階から地上6階の大部分をヨドバシカメラが占拠するという計画だ。

しかし、この低層階占有案が、現行テナントの事実上の強制移転を意味するのは、火を見るより明らかだ。こうした痛みを伴う改装プランが、各方面からの批判を呼んでいるのだ。

要求がエスカレート

豊島区の故・高野区長は会見で「池袋西武の北側低層部（1〜4階）への入居には反対だ」と強い口調で述べている。今回の情報では、ヨドバシゾーンは以前の情報を上回る地下1階〜地上6階へと拡大している。批判を浴びて縮小するどころか、拡大しているのだ。

ここで、池袋駅のロケーションに詳しくない方のために説明すると、西武百貨店は駅の東口にあり、駅前広場から駅を臨むと、向かって右側が北側になる。西武の本館北と言われると、池袋駅の右端＝北の端《はずれ》と思われる方もあると思うが、実際には本館北の右側（北側）にはパルコがあり、本館北（と中央）が西武のメインの館なのである。本館北は地下1階でJRのコンコースに面しており、地下鉄や西口の東武にも直結しているのだ。

うなぎの寝床の様な西武百貨店は、南に行くにつれ中央、南と連なり、西武池袋線の駅ホームはＪＲよりもかなり南側に位置しているのだ。

ヨドバシが本館の北と中央にこだわるのも当然と言えば当然だ。本館南や別館まで行ってしまえば、ライバルであるビックカメラより駅から遠くなってしまうのだから。

争点は北側

この本館北の争奪戦の最大の焦点は、ラグジュアリーブランドの雄である「ルイ・ヴィトン」の移転だろう。現在店舗を構える本館北1～2階は２０２２年１０月に改装を終えたばかりだからだ。ヨドバシが本館北を占拠すれば、ヴィトンは中央や南側に移転せざるを得ない。

ヴィトンはグッチやシャネルといった他の海外ブランドの南側に移転するのか、それとも、それらのブランドも玉突きで移動させるのかは定かではない。いざとなったら彼らには「パルコやルミネに移転する」という選択肢もありうるし、最悪、池袋エリアからの撤退さえ考えられる。これが高野前区長の言う「文化の街」としての危機なのかもしれない。

ラグジュアリーブランドが「文化」の担い手なのか？については、当然賛否あると思うし、筆者は「ブランドは文化か」の問いに答える立場にはない。但し、銀座、新宿、渋谷と並び、そうした百貨店のブランド戦略が池袋の土地の価値を押し上げて来たことは誰にも否定しえない事実であり、そのことだけは申し添えておきたい。その意味で、前区長の最後の主張は、区民への遺言として評価に値すると思うのだ。

ルイ・ヴィトンの反発

そごう・西武関係者は「池袋西武とルイ・ヴィトンは10年に亘り信頼関係を築き、その結果として現在のメゾネット化と増床が実現した。そうした事情をまったく無視したプランだ」と憤る。加えて「大規模改装直後に、再び移転しろ（それも今より悪い立地に）」という話に対してルイ・ヴィトンの親会社であるＬＶＭＨの反発は必至だ。

同じく本館1階北に出店しているグッチやロエベも当然移転となる。現在は本館の中央に位置するシャネル、ディオール、トムフォードなども南側へ移転する計画になっており、グッチに至ってはさらに離れた別館に移すというのだ。「このプランのブランドの配置はただのパズルであり、机上の空論だ。単に面積を合わせただけにすぎない」というのが事情通の共通見解だ。

当然ブランド側の了承は得られないし、逆に「撤退も辞さず」と言うスタンスがほとんどと見られている。好立地でなければブランドに傷がつくし「電器屋より悪い場所など、考えられない」というのが彼らの本音であろう。

漁夫の利

西武百貨店との契約形態が定借か否かがポイントかもしれない。万が一定期借家契約でなければ、テナントの移転や退店による違約金は軽く億単位に達するだろう。

一方、東武百貨店内でも同一ブランドを構えていれば、その店舗を拡充し池袋エリアの旗艦店とすれば事足りるのではないかと、シロウトでも考えつく。

どうしても池袋東口にも拠点をとなれば、隣の池袋パルコへの移転という選択肢もある。現に、渋谷東急本店の閉店時には、東急グループのスクランブルスクエア内に吸収しきれずに渋谷パルコに大型拠点を設けたハイブランドもあった。老舗ブランドの若返り策や若年層をターゲットとする新興ブランドによる脱百貨店も相まってではあるが。

デパ地下も

この改装案の懸念される点はそれだけではない。地下1階の食品ゾーンの中で、いわゆるデパ地下の2本柱の一つでありドル箱である総菜売場「おかず市場」が地下2階の南の端に移転させられる事になっているのだ。総菜や弁当は、主婦層だけでなく会社帰りの単身者が購入するケースも多く、改札階である地下1階からの移設は顧客の利便性を損ないデパ地下としての死活問題となるのは明らかだ。

上層階のファッションゾーンも同様だ。メインの婦人服だけでなく、紳士服や子供服などアパレルはほぼ消滅してしまう。

このヨドバシ改装案が実現すれば、池袋西武はもはや百貨店とは呼べなくなる。セブン&アイやヨドバシが何と言おうと、顧客はそう思うのだ。

反発必至

セブン&アイの定時株主総会で、井阪社長の再任など、会社側の出した議案がすべて可決され、井阪体制の現経営陣は総会終了後すぐに喫緊の課題であるそごう・西武売却案件を再スタートさせた。但し、実態として百貨店消滅を招きかねないヨドバシ導入プランを、当事者であるそごう・西武が自作したことにして欲しいと言ったという、フェイクニュースの様な話まで聞こえてくるところが、セブン&アイの迷走を裏付ける証拠なのかもしれない。

関係者によれば、担当役員が、そごう・西武の林社長にこの話を拒否されると、今度は井阪社長自ら林社長を呼び出し、改装計画をそごう・西武自らが作成したものにしろと迫り、もし受け入れないのであれば「社長を降りてもらう」と脅したと言う。

更に、セブン＆アイは7月までに、フォートレスやヨドバシ、地元の豊島区、そして地権者の西武鉄道などを集めて説明会を開催し、改装計画について説明するという。だが、この会合でも参加者たちの反発は必至だろう。というのもＪＲ池袋駅東口一帯は、２０２７年をメドに再開発を予定している。再開発計画の中核である池袋西武が百貨店の体をなさなければ、再開発自体が成立しなくなるからだ。

混迷を極めるそごう・西武の売却劇。セブン＆アイが作った改装プランが火に油を注ぎ、さらに迷走しそうだ。

最後の大物の苦言

セゾングループ（旧西武流通グループ）の最後の生き残りである、株式会社クレディセゾン。２０００年から同社を引っ張る林野宏代表取締役会長ＣＥＯは、セブン＆アイの井阪社長に、面と向かって「百貨店を知らないコンビニ野郎」と言い放ったと言う。

西武百貨店→セブン＆アイ、西友→米ウォルマート、パルコ→Ｊ．フロントリテイリング（大丸松坂屋）、といった具合に、他社の子会社となり解体したセゾングループ。散り散りになった同グループでただ一人セゾンとしての独自路線を守っているクレディセゾンの林野会長。元セゾン最後の大物である林野会長からすれば「コンビニ野郎」の井阪社長に池袋西武を蹂躙されるのは余程腹に据えかねた様だ。

2022年12月、井阪社長はそごう・西武売却に伴う提携カードの扱いについて説明するため、クレディセゾンの林野会長の元を訪れたと言う。概要説明を始めた井阪社長に対し、林野会長は「あなたに池袋西武の何が分かるのか？百貨店の売場はコンビニの棚のように簡単には動かせない」と怒鳴ったという。そして前述の「百貨店を知らないコンビニ野郎」という発言に繋がった様だ。井阪社長はすぐさま逃げ帰ったと言う。

関係者の話というのは、まるで目の前で見て来た様な話ばかりだ。しかし「あの人なら、そうしただろう、こう言っただろうな」という不思議な納得感がある。

◎2023年8月1日+15日合併号

「何も聞いていない」

そごう・西武労組がスト権確立

そごう・西武売却が、新たな局面を迎えている。セブン&アイによる「売却」を巡る交渉に、新たな登場人物だ。タイトルの「何も聞いていない」は、そごう・西武労働組合の寺岡泰博中央執行委員長が7月19日のデパート新聞のインタビューで度々口にした言葉だ。7月25日のそごう・西武労組の記者発表でも、同氏は各メディアの質問に対して「何も聞いていない」と、何度も回答している。

そごう・西武売却を巡って、関係者の伝聞やリーク記事などにより知らされる（知ることになる）様々な情報について、西武労組が親会社であるセブン&アイに情報開示を求めたのに対し、1年半の間「何も聞かされていない」という意味だ。井阪社長の売却の進め方に対する強烈な「批判」メッセージなのだ。

7月25日、セブン&アイ・ホールディングス傘下の百貨店「そごう・西武」の売却を巡り、寺岡泰博委員長は、組合員の９０％超の賛成を得てストライキ権を確立したと公表した。執行部の判断により、いつでもストができる状態になり、労組はスト実施を視野に入れながら経営側（この場合はそごう・西武）と交渉できるようになった。その際に、親会社であるセブン&アイにも「同席」して貰いたい、という思惑だ。

百貨店でのスト実施となれば、６０年以上昔に遡ることになり、業界だけでなく世間一般からも、今回の労使交渉の行方に注目が集まっている。今回のストライキの特異な点は、本質的なストライキの対象が、直接の経営者であるそごう・西武ではなく親会社であるセブン&アイだということだ。また、社員（組合員）からの要望も、必ずしも自分達の雇用継続だけではなく、顧客を含めた地元住民や取引先といった不特定多数の人びとの利害を代弁する役割を担っているという点だ。

これは、本紙「デパート新聞」が提唱している「公益」のための行動とも言える。そして、そごう・西武が万一ストライキを決行し、それによって1日2日店舗が休業することになったとしても、より大きな全体の利益（公益）のためであれば、顧客や関係企業は納得し支援してくれる、という構図を生み出す。各メディアも比較的「好意的」な論調でこの「スト権確立」のニュースを伝えているのは、そのためだろう。

◎2023年8月15日号外

そごう・西武労働組合
寺岡泰博中央執行委員長インタビュー①

7月15日の日本経済新聞に「西武池袋の改装案提示」の記事が載った。続けて「セブン社長、労組に来週にも　雇用は原則維持強調」と綴られている。その4日後の19日に、そごう・西武労働組合の寺岡中央執行委員長に単独インタビューを受けて貰った。

背景を簡単に時系列で説明しよう。7月3日、そごう・西武労働組合は、ストライキ権の確立に向けて約4000人に上る組合員に、その賛否を問う投票を行うと告知した。投票期間は7月9日から22日とし、集計を経て25日に結果を公表した。

概要

労組は全国のそごう・西武10店舗で働く約5000人の従業員のうち、管理職などを除く約4000人を組合員とした組織。今回の池袋西武の売却計画を巡って、運営会社のそごう・西武と団体交渉を重ね、従業員の雇用や店舗計画の説明を求めてきたが具体的な説明はなく、親会社であるセブン&アイに団体交渉を求めても「直接の雇用関係がないので応じられない」と具体的な情報開示には至らなかった経緯がある。

このため労組は説明を求めストライキで対抗することとし、7月9～22日に全員投票を実施。投票総数3833票のうち賛成が93・9%の3600票、反対が3・9%の153票だった(白票、無効票除く)。言うまでもないが、全組合員の過半数の賛成が得られれば、ストライキ権が確立される。従って、会社側との交渉の如何によってはストライキの実行が可能になった訳だ。

7月14日に行われた日経のインタビューでも、寺岡委員長は「雇用について組合員を納得させられる材料があまりにも乏しい」と話している。寺岡委員長は、本紙インタビューに際し、2022年11月にセブン&アイが米投資ファンドのフォートレス・インベストメント・グループとそごう・西武の株式譲渡契約を結んで以降、セブン&アイの井阪社長はそごう・西武労組とは直接雇用関係にないことを理由に団体交渉には応じていない、と話した。

正に「何も聞いていない」状態だった訳だ。

日　時：2023年7月19日13時
場　所：そごう・西武本社事務所（西武百貨店池袋本店書籍館2階）
話し手：そごう・西武労働組合　寺岡泰博中央執行委員長
聞き手：デパート新聞編集長　山田　悟

先ずは、そごう・西武売却で話題となっている「池袋西武百貨店の改装プラン」、具体的には本館北側地下1階～地上6階へのヨドバシカメラ導入案に対する意見を求めた。

寺岡委員長の答えは「そう言った話は一切聞いていないのです。」だった。それどころか、セブン&アイの井阪社長とは「1年半の間、この案件で公式に協議ができたと思える機会はありませんでした。」とのことだった。寺岡委員長がそごう・西武売却について「聞いている」即ち知っている事は、次の2点だけだというのだ。①（セブン&アイ）の相手は「ファンドのフォートレス・インベストメントである事。」②「そのビジネスパートナーがヨドバシHDである事。」

念の為付け加えると、寺岡委員長の言う1年半というのは「2022年11月11日のフォートレスへの株式売却発表からではなく、２０２２年１月３１日のそごう・西武株式売却の先行報道から1年半」ということだ。

主客転倒

筆者を含め、大方のマスコミの論調は、ヨドバシカメラは池袋西武の「どこに出店するのか」であった。しかし寺岡委員長の説明で、この「見方」は「主客」が逆であることに気づかされた。

筆者が池袋西武の南館や書籍館の「残留」について質問した時だ。寺岡委員長曰く、「逆でしょう。だって土地建物をヨドバシが『買う』わけだから、ヨドバシの中に西武が出店するコトになる。西武がヨドバシをテナントとして入れるのではなくて、ヨドバシが入居して、余ったところに西武が入ったら」ということなのだと言う。

寺岡委員長は、セブン&アイに対する要望、意見として、以下の3項目を挙げた。

① スタッフの雇用の維持。

② 百貨店事業の継続。

③ それに伴う情報開示と事前協議。

「基本的には、そごう・西武の売却、株式譲渡とか、株式の売買自体は会社経営の専権事項ですから、（組合として）そこに対してとやかく言うつもりはないです。それは経営の専門家がやっていることですから。」

「僕らは労働組合なので、基本的には雇用を守るのが一丁目一番地じゃないですか。だけど、僕ら（組合）も何を持って雇用を守るかと言ったら、基本、今の事業が継続されない限り、例えば、全く新しいコトに手を出して、その上で『雇用が守れるのか』と言ったらそれは分からないじゃないですか。」

「もちろん百貨店業界がこのままで良いとは思ってないですし、そごう・西武もこのままで良いとは思ってないです。だからそこは絶対変えなきゃいけないと思っています。」

「それでも、そもそも今の百貨店事業を全否定する、もしくはそごう・西武のブランドなり、看板が消える、こういった『売り方買い方』をされるのであれば、それは雇用だって守れないと言っているのです。」

「だとすれば、少なくとも今やっている（百貨店の）事業がベースにありながら、何か中身を少しずつ変えていく、ということ自体を否定はしませんけど、いきなりそれをひっくり返す様なことをやったら、それは普通に考えて、本当に雇用を守れますか。と思うのが、自然な話ではないかと、思っています。」

「井阪社長は『リストラではなく、そごう・西武を再成長させるため』と、おっしゃっていますが、それで雇用が守れますか、と僕ら組合は言い続けているのです。」

「僕らからすると、全国で売上3位の百貨店の売場を『無くしてしまって』これで再成長します、と言われて、誰が理解しますか、という話なのです。もし『再成長するのだ』と言うなら、その根拠を示して下さいと、1年半前から言っている訳です。」

キーパーソン

続けて、そごう・西武の売却（池袋西武の先行き）を巡る「キーパーソン」に関する話を伺った。筆者は、地元行政である豊島区の故高野区長の「ヨドバシを全部は止められないとしても、池袋西武の百貨店文化を何とか残したい」という意志を示すことによってマスコミを動かした部分はありますか、と問うた。

寺岡委員長は「間違いなく、高野区長が居なければ、（反対運動が）ここまでにはなってないと思います。ただ、実際に（行政側に）何か決裁権があるわけではないので『地域住民の声を聞けよ』という話で、高野さんは言っておられたと思います。」という答えだった。

最後に筆者から、高野区長もおっしゃっていた「百貨店の文化やブランド」の存続について、意見を求めた。

「百貨店のブランドがどうしたとか、（井阪社長は）あまりそういう発想はしない方だと思います。そう言った点では、どこまで行っても、(我々とは)相容れないと思います。(百貨店)文化がどうしたとか、全く通じないのです。『それで坪効率はいくらなのか?』と。更に『百貨店みたいに無駄のある業態は必要ない。貴方たちはそんなことをやっているから廃《すた》れるのだ』というお考えだと思います。だからと言って、僕がここで投げ出してもしょうがない。」寺岡委員長はこう言って話を締めくくった。

＊　　＊

インタビュー後記

寺岡委員長はジョークを交えて、かなり「言いにくい」部分も率直にお話をしてくださった、という印象だ。しかし、労組の委員長として「1年半もの間、蚊帳の外に置かれた」という事実については非常に憤りを感じていて、言葉の端々にセブン、というか井阪社長に対する「静かな怒り」を感じた。筆者もそれは当然のことだと思う。インタビュー終了後にも「井阪社長にとって、自分達は『うるさい蚊』程度にしか思っていないのでしょう。」との寺岡委員長の言葉があった。インタビュー中も委員長の虚しさ、やるせなさをひしひしと感じたのはそのためかもしれない。

◎2023年9月1日号

【そごう・西武売却14】

そごう・西武労働組合「ストライキ権確立」詳報

まず、寺岡委員長の記者発表から。

そごう・西武労働組合　寺岡中央執行委員長記者発表（詳細）

日時：2023年7月25日16時〜

会場：TKPガーデンシティ御茶の水2階

筆者は寺岡委員長から直接連絡を受け、会場に赴いた。7月19日の単独インタビューから1週間を空けず、寺岡委員長の肉声を再びお届けする機会を得た訳だ。

会場は小さな教室程度の広さで、マスコミ各社30人程で満席となった。席の後ろにはテレビカメラの放列もでき、中々物々しい雰囲気だ。

定刻になると、Ａ４資料が配布され、寺岡委員長が着席し会見が始まった。

資料要旨
・そごう・西武労働組合は、全員投票によりストライキ権を確立した。
・セブン&アイから労働組合に具体的な事業計画の説明が一切なされていないこと、更に社員の雇用維持の具体性がないことなど、社員に対するセブン&アイの姿勢が余りにも不誠実であることに対して組合員が意思表明したものである。
・今回の問題には、当社（そごう・西武）の存亡がかかっている。

【寺岡委員長】

「７月３日に告示しました、そごう・西武労働組合の争議行為の開始に関する全員投票の集計結果が出ました。今日は、皆さまにご報告したい、と言う事でお集まりいただきました。

我々の規約で行きますと、争議行為の開始について、投票総数３８３３票、賛成率は

93．9％ということで（先程皆さまにお配りした、配布資料には全組合員数の記載はありませんが）過半数を超えた、ということで、ストライキ権は確立された、という事でございます。

今回これをもって、今すぐ争議行為が可能になった、という事ではありませんが、いずれにしましても、ここに至るまでの経緯を少しお話させて頂きます。

昨年の1月末に報道が出てから、約1年半に亘《わた》って、我々は『雇用の維持』と『事業継続』とそれにともなう『事前協議』というものを求めて来ました。

しかしながら、本日に至るまで、情報がない中で、我々も色々と手を尽くして来た訳ですが、最大限我々の持っている手段を活用して行くということの中で、今回この全員投票に至ったと、いうことでございます。

そこにも記載されておりますが、この争議行為ということで言えば、対象は労使関係があるそごう・西武である、ということになって行きますが、本来的には実質的な使用者になるのは、我々の意識としてはセブン＆アイ・ホールディングスだと言う風に認識しております。

そう考えますと、我々従業員から見ますと、このホールディングスの対応というのは、余りにも1年半に亘って情報がないという事にかんして、不誠実に映っていると言わざるを得ません。

それを反映した数字が、この３８３３票であると思っていますので、改めてこれは労働組合の執行部ということではなくて、全組合員の総意だという認識でいます。

また改めて、当社の経営陣に対しても、ホールディングスに委ねるという事ではなく、事業会社としても自主的に進むべき方向を、具体的に提示して欲しいという願い、意志の表れでもある、という風に認識しております。

いずれにしましても、今回、我々は何も知らされてない訳ですが、各報道で踊っております、池袋のフロアプランみたいなモノ、こう言う問題に限らず、我々の認識としては、そごう・西武そのものの『存続の危機』もしくは『存続がかかっている』と認識しております。

そういう意味では、このことをきっかけに、今一度『交渉力』を上げて、会社と対峙して行きたいと、そういう強い覚悟、意志を持っ

そごう・西武労働組合
寺岡泰博中央執行委員長

会場にはテレビカメラも立ち並び、関心の高さがうかがえる

て今日を迎えた、ということで皆様に開示させて頂きます。

私からお話する内容は皆様にお配りしたペーパーにほぼ集約されておりますので、これをもって冒頭の挨拶に代えさせて頂きたいと思っています。

尚、組合員に対しては、今、皆様にお配りした内容と近しい内容で、先程組合員の皆さんには告知をさせて頂きました。従って皆様にお配りした内容については、一部抜粋した内容だということでご理解頂ければと思います。

簡単ではありますが、私からは以上になります。この後質疑があればお願いします。」

この7月25日の投票結果については、過半数どころではない数字に、そごう・西武の一般社員の方々の、戸惑いや不安が如実に表れている。

セブン&アイの井阪社長にとって、そごう・西武労組は「(寺岡委員長曰く) うるさい蚊」

の様な存在であり、蚊帳の外に置かれていた1年半の間は、文字通り痛くも痒くもない存在であった訳だ。

しかし、今回のスト権確立を受け、今後はマスコミや顧客（一般消費者）の手前、「知らぬ、存ぜぬ」と言っていれば通る段階ではなくなってしまった、という事だ。

それから約1ヶ月後――2023年8月23日夕方のニュースから。

◇そごう・西武売却最終決議9月1日に完了　売却額は2200億円

売却の決定から何度も延期を繰り返し、一時は無期延期となり、異例の長さで続いた売却交渉が決着する見通しとはなったものの、正直、時間切れ間際の「どさくさ紛れ」と言われても、セブン&アイは反論できないだろう。

セブン&アイ　豊島区長らに売却について説明

こうした中、セブン&アイHDは8月23日午後、西武池袋本店がある豊島区の高際区長や地元の経済団体に、売却やその後のフロアプランなどについて説明した。

会議は非公開で行われた。終了後、高際区長は記者団に対し「地元の経済団体からは『売却後も継続的に街づくりにパートナーとして関与してもらえるか』ということについて確認を求める意見が出た。セブン&アイからは『今後も、街づくりや地域との連携について協議していきたい』という回答があった」と一定の理解を示した。

その一方で、高際区長はセブン&アイが25日臨時取締役会を開いて、売却について最終的に決議する方針を固めたことに関連し、「住民から『何も聞いていない間に、どんどん話が進んでいく』という不信感が生まれ『(ヨドバシが)街のパートナーとは思えなくなる』ということは伝えた」とも述べ、セブン&アイとヨドバシに対する不信感も口にした。

筆者は、故高野区長の「池袋の文化を守る」という当事者としての強烈な使命感からはトーンダウンした様な印象を受けた。

それから2日後の8月25日、更に驚くべきニュースが飛びこんで来た。

◇そごう・西武労組28日にスト通知へ　決裂なら31日実施

そごう・西武の労働組合が、31日にも西武池袋本店でストライキを実施するための検討に入ったことが分かった。百貨店事業の継続と雇用維持を求める狙いで、決行されれば、百貨店でのストライキは実に60年ぶりとなる。

但し、いざスト決行となれば、「顧客を置き去りにしている」という非難も当然予想され「レピュテーションリスク」を避けながらのブラフ（脅し）合戦が泥仕合となる可能性も高い。

そごう・西武労組は、28日にセブン&アイ経営陣との協議を予定しており、決裂すれば実力行使に踏み切る公算が大きい、と見られた。池袋本店に勤務する組合員が出社せず、入口の一部を封鎖することも検討する、としており、同店は休業に追い込まれる可能性がある。

ストライキは労働者の正当な権利ではあるが、60年間使われていない伝家の宝刀がさび付いていないことを祈るばかりだ。当然この宝刀は諸刃の剣であり、従業員（組合員）の雇用の維持という御旗を、世論や消費者（顧客）が支持してくれるか、そしてそれをマスコミがどう報じるかにかかっているのだ。SNSなどではストに批判的な意見も散見される。

◎2023年9月15日号

【そごう・西武売却15】

そごう・西武労組「ストライキ突入」の意義

8月27日に、そごう・西武労組の寺岡泰博委員長から「ストライキ権行使の通知について」記者会見のご案内、というメッセージを受け取り、筆者は翌日会場に赴いた。

会場は100坪くらいで前回の2倍程度の広さだったが、出席したマスコミ各社は前回のおよそ3倍の100人超で満席となった。60年ぶりのストライキのニュースであり、その注目度の高さが窺《うかが》える。後方には各社のテレビカメラが並び、慌ただしい雰囲気だ。

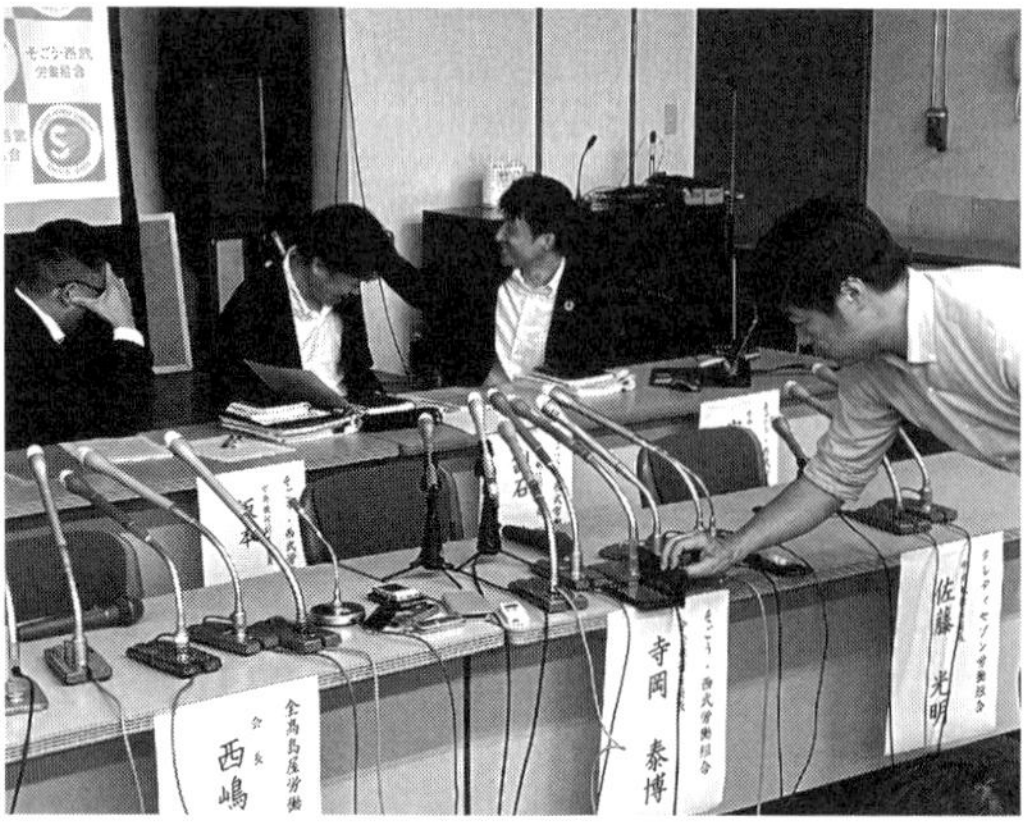

会見会場には、5名の友好労働組合委員長の名前が並んだ

前回と違うのは、寺岡委員長以外に5～6人の列席者がいたことだ。これについては後述する。

定刻になると、前回同様A4資料が配布され、寺岡委員長が着席した。

資料要旨

・社員の雇用維持、その前提となる当社の事業継続の観点からは、理解・納得できる状態には全く至っていない。

・その為の事業計画の提示を求めていかなければならないが、セブン&アイは、9月1日に株式譲渡を強引に進める構えを崩していない。株式譲渡後に協議をすることは、実質的には意味をなさない。

・よって、セブン&アイが株式譲渡をしなければストはしないが、今の状況が変わらなければストを実行することを宣言する。

そごう・西武労組「8月31日ストライキ実施の通知」記者会見

日時：2023年8月28日（月）午後4時〜
会場：西友労組会館　2階大会議室　（豊島区東池袋）
会見者：そごう・西武労働組合中央執行委員長寺岡泰博氏、ほか

【司会】

「それでは、そごう・西武労働組合記者会見をスタートしたいと思います。早速ではございますが、そごう・西武労働組合中央執行委員長寺岡泰博よりご挨拶をさせていただきます。」

【寺岡委員長】

「皆様、本日は「ストライキ権行使の通知について」ご案内をさせていただきました。お集まりいただきましてありがとうございます。今しがた、今日は1時半から（セブン&アイと）団体交渉をしておりまして、3時過ぎぐらいまで交渉をしておりました。会見前、先ほどになりますけれども、争議行為予告通知書ということで、そごう・西武の社長に向けて、開始日を2023年の8月31日木曜日ですね、ストライキ権（以下、スト権）の行使ということで、通知をさせていただきましたので、先ずそのことをご報告させていただきます。

皆様にはこの会見という形では2回目になると思いますけれども、まず7月25日に（組合員の）93．9％の賛同を得て、スト権が確立されました。

そのタイミングで、このスト権の確立というのは「雇用維持」と「事業継続」それから1年半「情報の開示」がなかった、この株式譲渡にまつわる情報の開示、これをお願いするにあたって、交渉力を上げるという目的で、確立をさせていただきました。

そういう意味で言いますと、今月に入りまして、そごう・西武の労使協議は、全7回となりますが、そのうち今日を含めて、直近4回については、セブン&アイホールディングスの井阪社長をはじめ、経営幹部の関係者が複数名参加して、この事業計画の趣旨、それから内容について説明をいただけると、こういう状態になったわけです。

そういう意味では　このスト権の確立というもの

会見には、そごう・西武労働組合 寺岡泰博中央執行委員長（右から３人目）の他に５名の労組委員長が同席した

は、一定程度の役割を果たしたと思いますし、その意味では、我々労働組合の組合員の投票行為が具体化したと、我々も思っております。

加えてホールディングスの井阪社長はじめ、この方々にも（使用者ではないということでの少し注釈がつきますが）関係者ということで、説明いただいたことについても、まずは御礼したいと思っております。

一方で、今日の団体交渉も含めてなのですが、我々の今回のスト権の行使の、大義といいますか、目的ということで言えば、そもそも現時点での協議というのが、この株式譲渡のスキーム自体が、本当に大丈夫なのか、事業継続あるいは雇用の確保につながることが本当に大丈夫なのかどうか、これを見極める労使協議だと思っております。

少なくともホールディングスから見れば、1年半というのは長い期間に見えるかもしれませんが、我々労働組合としては、まだ今月に入ってから、ようやく情報開示がされた、ということからすれば、少なくともまだまだ納得感が得られている状態には至っていないと思っています。

そういうことからすれば、今一度ですね、納得度を上げるためには、もう一段ステージを上げた行動も含めて、やっていかなければいけないと思っております。そう感じた出来事としては、今月に入ってから林社長の解任と、それにまつわる社外取締役の新たな選定です。

加えて直近25日にリリースされておりますが、更に加えて3人の社外取締役の選定というような形で、矢継ぎ早に売却を進めていこうという「前のめり感」が見え隠れしている状態です。

それからあくまで井阪社長の言葉を借りれば「クロージングは決めていない」ということですが、1日も早くクロージングを目指したいという、この事実自体は、発表されておりません。

そういう意味で言うと、直近の報道を見る限り、9月1日のクロージング、もっと言うと31日には取締役会決議が行われるのではないかと（あくまで我々の推測ですが）その疑念が晴れない。そういう状態で、このまま一方的に株式譲渡が進めば、我々としてもそれは何のためにこの権利を確立したのか、もしくは組合員のために、我々の役割自体を発揮しているのかと、そういうふうに感じている次第でございます。

改めて、仮にもそれを阻止するという意味においては、労働協約上も、事前の通知をしなければいけないということですので、その期限ギリギリの本日、予告という形で通知をさせていただいたと、こういう経緯と大義ということでございます。

詳細といいますか、公表の中身あるいは、ここに至った経緯については、先ほど皆様にお配りした用紙の中に、ある程度まとまっていると思いますので、少しその部分はお読み取りいただければと思います。

先ずは私の方から事前の概略ということで、お知らせ、ご報告をさせていただきました。」

（※ここで、そごう・西武組合大会の様子と労組各支部の決意表明等をＶＴＲで紹介した）


【寺岡委員長】

「一旦私からは以上ですが、本日は、急遽と言いますか、日頃我々の活動を支えていただいております、同業の百貨店各社の労働組合の方々、それから池袋地域、とりわけ旧セゾングループの中で、資本の繋がりはありませんけれども、友好労組として共に活動していただいた組織の方にも、お集まりいただいておりますので、少しずつコメントをいただきたいと思いますので、少しお時間を頂きたいと思います。」


【西島委員長】

「私は髙島屋労働組合で中央執行委員長を務めております、西島と申します。今ほど寺岡委員長からありました通り、本日は私たち百貨店労働組合の仲間としまして、寺岡委員長を始めとしたそごう・西武労組労働組合の取り組み、これに賛同し、支援を継続していく姿勢を改めて表明しようと思い、同席をさせていただきました。

本日は考えを共にします百貨店労働組合の有志の中から、私のほかに、三越伊勢丹グループ労働組合の菊池委員長、大丸松坂百貨店労働組合の大島委員長、阪急阪神百貨店労働組合の宮本委員長、以上4名が代表して同席をさせていただいております。

我々がこの場にいることに、少し唐突感があるかもしれませんので、少しお時間をいただいて、解説をさせていただきたいと思います。

私たち百貨店の各労働組合は、そごう・西武労働組合とは、日常的なつながりを持つ労働組合の仲間であります。そしてそごう・西武労働組合の組合員も、同じ百貨店で働く仲間です。今回の株式譲渡に関する経緯につきましても、1年以上情報共有を重ねながらその動向を見守り、支援を続けてまいりま

髙島屋労働組合 西島秀樹委員長（前列、左）

した。具体的なこの間の支援としましては、本年の年明けにセブン&アイホールディングスとフォートレス社の経営に対し、健全な労使関係、労使協議とともに、ステークホルダーへの誠実な対応を求める要請書を提出するとともに、同時に百貨店協会に対しても、我々がこのような要請活動をするということに対する理解を求める要望書を提出してまいりました。

――中略――

改めて、そごう・西武労組が一貫して主張されております、そごう・西武百貨店の事業継続、取引先を含めた従業員の雇用維持、これが確信できる建設的な労使協議を目指すという、この姿勢に賛同をしてきたということであります。

その中で本日のスト権行使の通知、ここまでに至る状況を、我々としても非常に深刻、あるいは異例の事態と捉えております。

こういう時にこそ、そごう・西武労働組合を孤立させない、ということですとか、困っている仲間がいれば寄り添い、ともに行動するという、我々労働組合の精神にのっとり、できることはないかというふうに考えてきた次第です。

その結果としてこの会見に同席をさせていただくことで、この間も、そしてこれからもそごう・西武労働組合の姿勢、行動に賛同し、支援し続ける、我々の行動を広く訴え、そしてそごう・西武労組の組合員の雇用確保であったり、不安の解消、これに向け懸命に行動し続けるそごう・西武労働組合の力になりたい、というその一心でこの場にいるということです。よろしくお願いいたします。私からは以上です。」

その後、クレディセゾン労働組合から同様の支援表明があり、質疑応答へと続いたが、筆者は記者会見の会場が西友労組会館ということも含め、旧セゾングループの絆を感じた。

翌29日の夕方から、井阪社長は、繰り返し携帯電話やメールで寺岡委員長にストの撤回を迫ったようだ。株式譲渡した後の「将来の従業員のために」と……。直前まで従業員の将来など一顧だにしなかった事はまるで記憶にないようだ。

8月31日　池袋西武　ストライキ決行

西武百貨店池袋本店は、そごう・西武労働組合がストライキを決行したため、終日営業を休止した。

午前中には組合員と支援者も含め、ストライキを実施している池袋西武周辺を約1時間デモ行進した。参加者ら約300人は「西武池袋本店を守ろう！池袋の地に百貨店を残そう！」の横断幕を掲げアピールした。寺岡委員長はデモ終了後、報道陣の囲み取材に応じた。

デモを終えての今の思いは？——

【寺岡委員長（以後、寺）】「現場の組合員の他、百貨店各社の労働組合、池袋にある労働組合の方々にもご賛同いただき感謝しています。これだけ大きな力になったことで、励みにもなったし、会社にも十分伝わったのではないかと思います。」

デモ行進の最中に、セブン＆アイが臨時取締役会で売却を決議したが——

【寺】「我々としては時期尚早という気持ちがある。そういう意味では残念だし、本来であれば労使で協調路線を

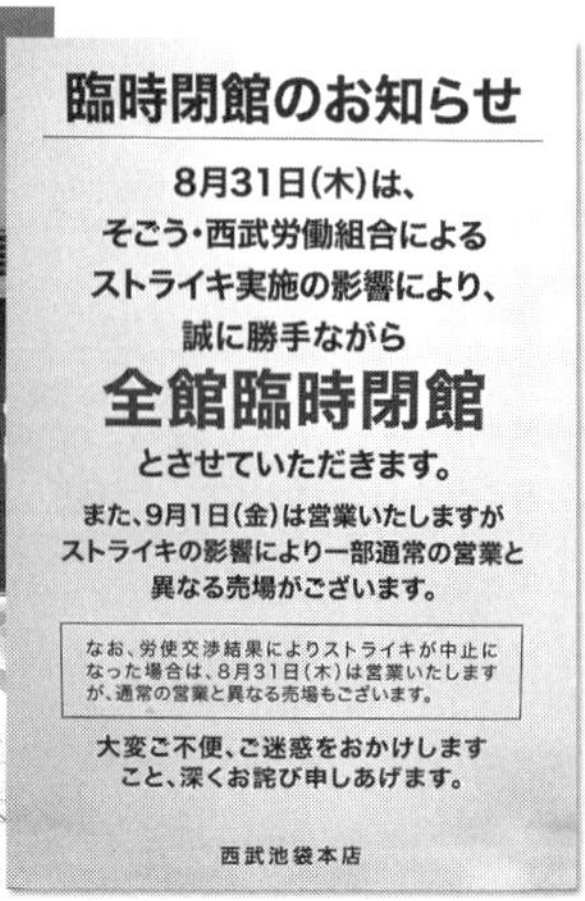

とりたいと、いろんな道をセブン&アイの井阪社長含め探ってきた。結果的に意見の相違があって溝が埋まらなかったことは残念です。こういう形でしか伝えようがなかったというのが我々の今の思いですので、複雑な気持ちです。」

百貨店でのストライキは61年ぶり。今回のストはどんな意味があったと思うか？――

【寺】「組合員の全員投票をやり、その総意として会社にぶつけたことは意義があったと思う。また、競合の百貨店各社の労働組合の皆さんにも参画いただき、もう一つ大きな声として訴えたということは、歴史の中でも重要な位置づけとして役割を果したのではないか。」

＊　＊

所感

今回のそごう・西武労組がストにより求めたのは、雇用維持、事業継続、情報開示である。「雇用の維持」は労働者の権利として、最も根源的なものであり、半世紀以上前の「賃金のベースアップ」に比べ、今回のそごう・西武労組は、より切実な状況に置かれていると言うことの証左である。逆に言えば（そして大変恥ずかしい事に）日本の雇用の根本的な危うさは60年の時を経ても、何ら改善されていない、ということなのだ。

元首相の何とかミクスも含め、30年間賃金がほとんど上がっていないにもかかわらず、それを是認してきた御用組合は猛省し、内部留保ばかりにご執心な経営層に対し、モノ言う労働者にならなければならない、と思う。

ここ10年程だが、労働環境が劣悪な会社を指してブラック企業と呼ぶ。ブラック企業は非上場の中小企業である場合がほとんどだった。大企業であれば、ビッグモーターやジャニーズ事務所の様にマスコミによって白日の下に晒され、世間からも顧客からも非難、糾弾される。こうしたレピュテーションリスクを勘案すれば、大企業がなるべく従業員コンシャスな健全な企業を目指すのは自明だ。

翻って、今回のストライキの原因を作ったセブン&アイとヨドバシカメラはどうであろう。百貨店と、コンビニ、家電量販店という出自の違いはあるものの、広く一般消費者を顧客とする小売業であり、顧客の評判を蔑《ないがし》ろには出来ない商売人であるはずだ。

敢えて言うが、セブン&アイとヨドバシＨＤの所業は、外資系ファンドの考える株主資本主義を「是」としており、決して不道徳とは言えないものの無道徳の誹《そし》りを免れない。

そこには西武百貨店の従業員や、顧客、ひいては消費者に対する「公益性」への配慮が全く欠けているのだ。そもそも日本人は「自分さえ良ければ良い」という考えを嫌う国民性であり、社会正義と言えば大袈裟過ぎるとしても「公益性」の観点は小売や商売には不可欠な観点であろう。寺岡委員長の言う「大義」の意味もこれに通じている。

３年半ぶりにコロナが収束しインバウンドが戻った現在の日本で、今最も売上を伸ばしているのは百貨店である。（もちろん地方百貨店の復調に関しては正直まだら模様であるが。）全国の主要都市や、ビッグターミナル駅であればあるほど、インバウンド需要の高まりは凄まじく、売上も利益も、コロナ前の２０１９年度を越えて伸長し続けている。

こんな時に、伊勢丹新宿本店や阪急うめだ本店を閉店したり縮小したいと言ったら、業界人ならずとも正気を疑うだろう。日本で３番目の売上を誇る百貨店を、インバウンドに湧くこのタイミングで縮小しようという考えは、利益至上主義の外資ファンドからしても合理性があるとは言えないのではないか。

これは、近視眼的なシロウト意見かもしれない、であればその道の専門家の方に、是非ともご意見を伺いたいものだ。

◎2023年10月1日号

【そごう・西武売却16】

スト翌日の売却「禍根だけが残り、決着とは程遠い」

公益と強欲

なにより我々が危惧するのは、本紙が標榜する「公益」の観点から見て、売るセブン&アイ、買うフォートレス・インベストメント、そしてヨドバシHDも、ことごとく現場で働く人びとへの配慮を欠いている、としか思えないことだ。

百歩譲って、ファンドであるフォートレスは、自分達が儲かれば良い、株主が喜べばオーライという節理か、少なくともそういうスタンスがあるのかもしれない。しかし、セブン&アイやヨドバシHDは客商売なのだ。顧客にどう見られるかを意識しない経営など、本来考えられないはずなのだ。

売却交渉を巡っては、資本の論理の埒外にいる自治体（豊島区）や、商店街などの地元関係者や近隣百貨店労組からも、ヨドバシカメラ反対や、そごう・西武の雇用に配慮が足りない事への意見が百出した。

セブン&アイとヨドバシＨＤのやり方は、商いの基本に反するだけでなく「先ずは良く話し合ってから」という日本の常識や礼儀を欠いたやり方だと、顧客＝消費者やマスコミだけでなく、それこそ株主さえも眉をひそめる事態となってしまったのだ。

裸の王様

コンビニ業界のトップであるセブン&アイのことを、取引先の食品メーカー各社は「最も頭を下げない会社」と呼ぶそうだ。日本一の販売量を誇り、商品をセブンイレブンに置いて欲しいメーカーは山ほどあり、どの企業も取引を望むからだ。

そして、セブン&アイには組合がなく、井阪社長に対してはモノ言う株主以外に、物申す人は皆無である。いう事を聞かない前社長のクビをすげ替え、「労組のストに屈するのは時代錯誤であり、組合がつけあがるからクロージング（株式譲渡）延期はすべきではない」と井阪社長に進言した幹部社員も居たと言う。社内は上意下達が当たり前で、周りにイエスマンしかおらず、異を唱える者は解雇される。これでは裸の王様ではないか。おとぎ話であれば、王様の末路は決まっているのだが……

子会社の社員（組合員）の雇用や、事業継続などのプリミティブでナーバスな問題を、資本の論理だけを基準に、きちんと説明せずに売り払ってしまった井阪氏は、尊大で傲慢だと世間様に言われても反論は難しい。

メディアの反応

さて、メディアはこの一連のニュースをどう伝えているのだろう。

マスコミの代表としてＮＨＫの時論公論を例に話を進めよう

◆７月３１日放送「そごう・西武売却の行方　デパート業界の将来像は」

『大手デパートそごう・西武が、親会社から売却される動きをめぐって、揺れています。関係者との協議が難航し、売却に不信感を募らせる労働組合はストライキに必要な手続きに入りました。

今回の売却は、投資ファンドなどの異なる分野からの参入など、異例であり、新たな業界再編の難しさを露呈した形となっています。

苦境が続くデパートの今後について考えます。』
1．売却の背景

2．売却への根強い反発

3．苦境のデパート、その将来像

『デパートをめぐっては、次々と生まれるライバルとの競争を強いられ、生き残りは簡単ではないという厳しい見方もあります。

こうした中で今回、そごう・西武の売却協議をきっかけに、改めてデパートの存在意義が問われています。

関係者には、地域にとって何が必要なのか、そして、消費者が本当に望んでいるものは何か、より突っ込んだ議論をすることを望みたいと思います。』

ＮＨＫは、そごう・西武売却を契機に「絶滅危惧種」である百貨店という業態そのものの将来を考える「議論が必要」という、お茶を濁した、正にＮＨＫらしい着地でまとめている。

◆9月4日放送「そごう・西武売却　61年ぶりストライキが意味するもの」

『経営不振のそごう・西武の売却をめぐり、大きな動きがありました。雇用などの面から早期の売却に反発した労働組合が、大手デパートでは61年ぶりとなるストライキを行いました。

一方、親会社の流通大手・セブン＆アイ・ホールディングスは、売却を最終的に決議し、ストライキの翌日には、そごう・西武は投資ファンドの傘下に入りました。

そごう・西武の売却から浮き彫りになった、デパート再建に向けた課題と共に今回のストライキを契機に、企業の労使関係がどうあるべきか、考えます。』

1．ストに至る経緯

2．売却後の雇用は

3．ストライキの意味

『今回のストから分かったのは、日本企業に浸透していた労使協調路線が変化を迫られているという事です。企業の買収や再編の動きが当たり前の時代となる中、経営側は、より多くの利益を求める株主からの圧力も強まっています。

セブン＆アイは、海外のモノ言う株主から、株主総会で社長の退任を求められていました。ただ同時に、企業は株主だけでなく、地域社会や消費者、それに従業員といったさまざまな利害関係者・ステークホルダーと向き合うことも不可欠です。

企業が資本の論理で、買収や利益の追求を目指すとき、従業員はどう対抗し、雇用を守ってゆけば良いのか。デパート業界大手の61年ぶりのストライキは、新たな課題を投げかけているようです。』

企業はモノ言う株主やステークホルダーに配慮しつつ、雇用も守れ、と終えている。どこにも良い顔をしたいというどっちつかずのスタンスで、ある意味ＮＨＫ感満載な結論となった。

もちろん、新聞各紙だけでなく天下のＮＨＫが、例え夜中の１０分番組とは言え、このニュースを取り上げたことの意義は計り知れないほど大きいと言って良い。そごう・西武労組の寺岡委員長を1年半の間蚊帳の外に置いて来たセブン＆アイ井阪社長の怠慢、いや誤算がここにある。

正に「窮鼠猫を噛む」であるが、蚊がねずみに昇格しても、まだまだ人間扱いには至っていない、と言ったら、どちらにも失礼過ぎるだろうか。

メディアの報道の最後は、テレビ東京が締めくくる。

◆9月15日放送　ガイアの夜明け「独占！そごう・西武　ストの舞台裏」

経済ニュースの現場をドキュメンタリータッチで見せてくれるので、現場スタッフ（今回は西武百貨店勤務の組合員やその取引業者等）の置かれた現状が分かり、視聴者に、働き手側を自分事として捉えてもらえる良い機会だったと思う。

所感

セブン&アイの井阪社長は、モノ言う株主や投資ファンドに翻弄され、いわゆる外圧により仕方なく赤字続きのそごう・西武の売却を余儀なくされたのであろうか？

筆者はそうは思わない。確かに、前回の株主総会を巡っては「コンビニ業に専念しろ」とか「そごう・西武だけでなく、イトーヨーカ堂も切り離せ」というアクティビストの声はあった。しかし井阪氏は「コンビニ界のトップを守るためにヨーカドーの『食へのこだわり』は不可欠である」と述べている。

なるほど、そういった面は確かにあるだろう。

しかし今回の問題の焦点である西武池袋本店は日本で3番目の百貨店である。失礼ながら、ヨーカ堂やセブンイレブンと池袋西武のデパ地下を比べ（価格やコスパはひとまず置いておいて）「どっちが美味いか」に議論の余地はあるまい。要するに、井阪氏の理論は屁理屈であり、もう少し優しい言い方をしても、えこひいきに過ぎない。

そもそも、そごう・西武を子会社化したのは前任の鈴木氏であり、自分はその敗戦処理をいやいややらされている、という感覚なのではないだろうか？　更に居直って「俺はコンビニのエキスパートであって、コンビニ以外の事は分からない」という本音さえ透けて見える。業界紙の端くれとしての筆者の「傍目八目《おかめはちもく》」の意見だが。

禍根

既に売買により利益を確定させた投資ファンド、フォートレス・インベストメント・グループや、そのパートナーであり実質的に池袋西武本館に出店するヨドバシホールディングス以外にも、財務アドバイザーであり労組軽視の契約作りを担った三菱ＵＦＪモルガン・スタンレー証券（ＭＵＭＳＳ）等々、利権に群がる利害関係者がそれぞれの思惑で暗躍した結果がこれだ。「禍根だけが残り、決着とは程遠い」。

セブン＆アイの創業者である故伊藤雅俊氏は、生前「驕《おご》りや傲慢さが災いを招く」と説いていたという。もし井阪社長が、これで「セブンイレブン（と自分は、安泰）いい気分♪」になっていたら、それこそ足元をすくわれるかもしれない。いやいや、筆者はそれを望んでいる訳ではもちろんない。勝手に心配をしているだけだ。

◎2023年10月15日号

【そごう・西武売却17】

百貨店の未来「閉店連鎖は地方から都心へ」

そごう・西武はどうなる

9月1日、そごう・西武はフォートレス・インベストメントの子会社となった。

実態としてはヨドバシカメラによる池袋進出こそが問題の焦点であり、そごう・西武だけでなく、様々なステークホルダーが議論に加わったのは周知の通りだ。

そう言った意味では、(ストによる池袋西武休業により、迷惑を被った顧客には申し訳ないが)ストライキ実施によるニュースの拡散は、賛否も含めて大いに意義があったと思う。「61年ぶりのスト」という事案が、水面下でコトをすすめようとしていた売り手(セブン&アイHD)にとっても、買い手(実質はヨドバシHD)にとっても不本意な事に、世間の注目を集めることとなったからだ。

そしてこれは、セブン&アイの井阪社長によるそごう・西武売却＝株式譲渡の不手際だけでなく、そごう・西武発足から１４年、セブン&アイの傘下に入って１８年間の「衰退の歴史」をも際立たせる結果となった。

負の遺産

セブン&アイはこの間に２０店舗以上の百貨店を閉めている。衰退の歴史というのは、正にそごう・西武の閉店の歴史であった。セブン&アイに同情するわけではないが、不採算店舗の閉鎖は避けられない状態であったのも、おそらく事実である。日本一の小売＝流通業の雄であるセブン&アイの担当者にとって、衰退する一方の百貨店は、ただのお荷物であり負の遺産そのものに思えたに相違ない。

そごう・西武は、その前身である「そごう」も「西武百貨店」も、共にバブル期に郊外や地方都市に大量出店したことで成長したという経緯がある。口の悪い事情通からは「遅れて来た百貨店」と揶揄《やゆ》されることもあった。日本経済が右肩上がりの時には見えなかった綻《ほころ》びが、バブル崩壊を境に両社を相次いで経営破綻させ、結果として多くの不採算店をスクラップした。そして再生を図るため、ミレニアムリテイリングとして統合し、これまた弱者連合という誹《そし》りを受けながら、最終的に一大流通帝国を目指していたセブン&アイの傘下に入ったのだ。

絶滅危惧種

日本の百貨店業界にとって、今世紀に入ってからの２３年間が、自らが絶滅危惧種であることを証明するための歳月であったのは真に残酷な話だ。

かつて地方の雄と呼ばれた、あまたの老舗百貨店や、西武の様な電鉄系だけでなく、押しも押されもしない大手デパートである三越伊勢丹、髙島屋、大丸松坂屋、そして関西の阪急阪神も、結果として次々と店を畳んだ。地方都市だけでなく、都心店舗も例外ではなかった。直近3年半に及ぶコロナ禍が、それに追い打ちをかけた事は言うまでもない。

閉店の歴史

ここで、そごう・西武の閉店を振り返る。

２００９年　そごう心斎橋店、西武札幌店。

２０１０年　有楽町西武。

２０１２年　そごう八王子店。

２０１３年　西武沼津店、そごう呉店。
２０１６年　西武春日部店、そごう柏店、西武旭川店。
２０１７年　西武筑波店、西武八尾店。
２０１８年　西武小田原店、西武船橋店。
２０２０年　西武岡崎店、西武大津店、そごう西神店、そごう徳島店。
２０２１年　そごう川口店、西武福井店（新館）。

尚、２０１９年に西武所沢店、２０２０年に西武東戸塚店をＳＣ（ショッピングセンター）業態に転換しているが、自主編集売場も一部残っており、閉店にはカウントしていない。

閉店連鎖と再開発

近年では、地方だけでなく都内の主要百貨店の閉店も珍しいことではなくなっている。再開発という名目で百貨店を閉店し、その後に複合商業施設（テナント誘致をベースとしたショッピングセンター）を作る事例がほとんどだ。

松坂屋銀座店が再開発によって複合商業施設「ＧＩＮＺＡ　ＳＩＸ」に生まれ変わっているし、渋谷の街からは東急百貨店東横店、東急本店が消えた。新宿西口は再開発がスタートし、小田急百貨店本店はハルク館に移設し、実質的な売場面積は減少している。盟友（いや、ライバルなのか）である京王百貨店新宿店も、閉店（再開発）に向け、本年8月に以下を発表している。

京王電鉄は8月2日、東京・新宿駅周辺で進める再開発の総事業費が３０００億円程度になりそうだと発表した。高さ２２５メートルの高層ビルを２０２８年度に開業するほか「京王百貨店新宿店」を建て替え、高さ１１０メートルの商業施設を２０４０年代までに建設する。同駅構内も改良しエリア一帯の回遊性を高める、としており、現京王百貨店新宿店は２０２０年代の後半に閉店すると見られている。

東急、小田急、京王の電鉄3社は、異口同音に再開発の跡地を商業施設と表現しており、百貨店という言葉は使っていない。

セブン&アイの所業

しかし、こうした事例のどこをどう見ても、そごう・西武の様なストライキに至る、いわゆる騒動は起こってはいない。今回は何が違ったのだろう?筆者はセブン&アイの態度ではなかったかと思う。態度が分かりづらいならスタンスか心がけと言っても良い。

何度も言及しているので「またか」とお思いかもしれない。が、ご批判覚悟で敢えてもう一度言う。そごう・西武も、セブン&アイも、そしてヨドバシも、百貨店、コンビニエンスストア、家電量販店という違いはあっても、顧客を相手に商売をする小売業である。いろいろと、モノ言う株主に翻弄され、苦労させられたセブン&アイの井阪社長には、数あるステークホルダーの中で、株主しか見えなくなってしまったのだとしたら大変残念だ。それはそれで悲しい職業病であり、お見舞い申し上げる。

だが小売の最大のステークホルダーは従業員でも取引先でも、もちろん株主でもなく、顧客=消費者なのだ。お客様は、常に自分が買物をする先のお店を見ているのだ。不正をしないか見ているのだ。そしてお店の評判を聞いているのだ。

小売の公益性

もちろん家電は安いにこしたことはないし、コンビニで「欲しい物がほぼすべて手に入る」ことは非常に重要だ。だが、小売というのは百貨店に限らず、先ず公正であるべきなのだ。偽ブランドを売ったり、消費期限を偽ったり、FC先をいじめたり、スタッフに長時間労働をさせたり、ハラスメントの温床であったり、ということは許されないのだ。

商売はＢｔｏＢではなくＢｔｏＣである。であれば尚更、カスタマーの目を一番に意識すべきなのは当然だ。老舗百貨店に古くから伝わる「先義後利」を、本紙は「公益」とも呼んでいるが、小売は「自分達（の企業）さえ良ければ」という発想を是とはしないのだ。井阪社長には申し訳ないが、こと百貨店においては余計に株主資本主義とは相容れないのだ。

であるから、今回そごう・西武労組が、従業員を束ね顧客を巻き込む形ではあっても、マスコミを通じて広く世間（一般消費者）に訴えたことは、戦略として間違っていなかった、と言える。

結果論

結果として、セブン＆アイはストの当日に決議をし、翌日にはそごう・西武は売却されてしまったではないか、という穿《うが》ったご意見もあるだろう。しかし、ストライキのニュースによって、セブン＆アイによるそごう・西武の売却は公正だったのか？という事について、多くの人が知るきっかけになったのだ。

少なくとも、井阪社長は「従業員の声に耳を傾けない経営者」という不名誉なレッテルを貼られることを甘受しなければならないだろう。１年半の間「何も聞かされていない」状態であったそごう・西武労組も、セブン＆アイの井阪社長と直談判の場を持つことは叶ったわけだ。そして、新たな親会社であるフォートレスやそのパートナーであるヨドバシＨＤも、そごう・西武労組の寺岡委員長との面談を拒否することは出来なくなった。

最終的には、西武百貨店池袋本店の外壁に「ヨドバシカメラ　マルチメディア池袋」のサイン看板が掲げられる日が来る事は不可避であろう。それを止めることは労組にも行政にも百貨店の顧客にも出来ない。もちろん我々マスコミも無力だ。

それでも話し合いの席を設け、双方の主張を公《おおやけ》にすることは出来る。そして、それこそが、我々マスコミの使命なのだと思う。どんな企業であってもレピュテーションリスクは出来れば回避したいし、世間の評判は落としたくない。ヨドバシＨＤも、そう思っているだろう。

可能であれば、西武とヨドバシが、単に同居するだけではない、新たな商業施設の誕生を願っている。

◎2023年11月1日号

西武vsヨドバシ　百貨店と家電の未来

「百貨店+家電」シナジーは?

新たな親会社のもとで、西武池袋本店は、フォートレスのパートナーである家電量販店ヨドバシホールディングスが本館北側の低層階の中核テナントになることを前提に、そごう・西武労働組合との話し合いを継続している。

蚊帳の外から一矢

ヨドバシの出店計画に対し、インタビューに答えたそごう・西武労働組合の寺岡泰博委員長は「赤字の地方店を放置したまま、1番の稼ぎ頭をたたき切る」と表現し、2度目のストも辞さない構えを示したという。こうした発言からも、このディールが穏やかな譲渡ではない事は衆目が一致するところだ。

ストライキの是非については、当然賛否はあるものの、労働者の権利を守るため「ストもやむなし」という意見が大勢を占めた。「物価は上がりつづけるのに、給料は全然追いついていない」そして「資本家（大企業）は内部留保に腐心し、労働者（社員）を蔑《ないがし》ろにしている」という庶民感情を反映しているのかもしれない。

今回のスト決行の意義は、「公益という大義」にも適うものであり、世間＝消費者の顔色を窺《うかが》い、池袋西武への出店の仕方について、ヨドバシカメラは一定の配慮をせざるを得ないと思う。

百貨店の衰退

百貨店業界は、都心、地方を問わず、長く低迷を続けてきた。業界全体の売上高は1991年の9．7兆円をピークに、コロナ禍の2020年には収益が半減し、直近では5兆円前後で推移している。特に百貨店の主力アイテムであった衣料品の落ち込みが著しいことは周知の事実だ。

デパ地下（食品売場）や、北海道物産展などの催事によってにぎわうゾーンもあるが、そうした一部のフロアを除き、消費者ニーズの多様化に百貨店側の対応は後手に回ったという批判は間違っていない。衣料品は低価格で最新の流行を提供するファストファッションやネット通販に顧客が流れ、家具、生活雑貨は無印良品やニトリなどに顧客を奪われ、家電に至っては売場自体がほぼ消滅しているといっても過言ではない。

業態転換

百貨店業界は、生き残りのための業態転換といわれるような、大胆な対応を打ち出している。駅前の好立地を武器に、集客力のあるテナントを呼び込むなど、百貨店が自社でモノを売るのではなく売場のスペースを貸す、いわゆるテナント化に注力しているのだ。

松坂屋銀座店が再開発によって複合商業施設「ＧＩＮＺＡ　ＳＩＸ」へ転換、渋谷の街からは東急百貨店東横店、東急本店が消え、新宿西口は再開発により小田急百貨店本店はハルク館に移設し実質的な売場面積は減少している。

東急、小田急、そして京王も、再開発跡地を商業施設としており、百貨店を再開する予定はない。そして、その商業施設の中核となるのが家電量販店などの大型専門店だ。家電量販店は百貨店のイメージダウンとなるのかを理解するため、ビックカメラの出店戦略を見て行きたい。

池袋でヤマダと共に、直接ヨドバシと覇権を争うビックカメラは、２０２０年2月から、富裕層ターゲット戦略として三越とタッグを組んだ。その日本橋三越本店の新館6～7階のビックカメラに続き、今度は札幌に「東急＋ビック」をオープンさせた。

札幌東急

西武池袋本店がストライキで終日休業した翌日の9月1日、東急百貨店さっぽろ店にビックカメラがオープンし館に再び活気が戻ったとのニュースがあった。

東急百貨店さっぽろ店のリニューアルは、5～6階にビックカメラ、7階にユニクロとGU、9階にバンダイナムコのアミューズメントパークとヴィレッジヴァンガードが出店し、9月末までに新たな店舗が出揃った。

東急百貨店は、多事業化ビジネスモデル「融合型リテーラー」という施策を進め、さっぽろ店もその一環として、特に5～9階には集客力の高い大型専門店を複数揃えた。テナント貸借の部分もあれば従来型の百貨店として運営している部分もあり、両者が混在している。

・シナジー効果

東急さっぽろ店のリニューアルによるシナジー効果について「お客様は多いときは、前年同期の2倍になる」とは東急百貨店広報の話だ。更に「フードやコスメなど強みのあるところに注力して、新規事業などへも人員を配置する」と話す。

百貨店業界では従来の経営スタイルにとらわれず、大型専門店にフロア単位でテナント貸しをしたり、自社のスタッフを弾力的に配置転換することは、いまや当たり前になってきている、という。同じ百貨店＋家電であっても、ビックカメラの三越や東急とのｗｉｎ―ｗｉｎの関係が、池袋では「西武ｖｓヨドバシ」という対立の構図となってしまったという事だ。

突き詰めて言えば、百貨店＋家電でビルを運営するという意味に於いて、ビックカメラとヨドバシカメラの手法の良し悪しというよりも、セブン＆アイによる情報開示と進め方の不手際という側面が大きいのでは、と筆者は考えている。筆者は、大手家電量販店の対百貨店政策に於いて「ヨドバシカメラは敵対的」「ビックカメラは友好的」といったレッテル貼りをしたい訳ではない。ただ、顧客、消費者の目にその企業活動がどう映るのかは、当然考慮すべきと思っているのだ。

そごう・西武の場合

冒頭で述べたストが示す様に、そごう・西武労組の反発は、新たな親会社のもとで西武池袋本店の中核が家電量販店になるという懸念や心配からだけではない。そごう・西武労組の寺岡委員長は「ヨドバシカメラの出店自体に反対しているわけではありません。百貨店業界や、会社の経営状況が厳しいことは十分に認識しています。」とも話しているからだ。

以前の親会社だったセブン&アイの井阪社長は「百貨店のスタッフの雇用は守るから安心して欲しい」等と話して来たという。しかし、そごう・西武労組は、店舗運営の大幅転換などについて外部から漏れ聞こえて来るメディアの情報以外、事前に全く知らされていなかったのだ。そごう・西武労組がストライキに至った経緯から見て、セブン&アイの譲渡手法が、稚拙《ちせつ》であったことは、否めない。

我々は新たに親会社となったフォートレス（と言うか、実態はヨドバシカメラ）の池袋西武への出店の仕方を注視していく必要がある。それが、ビックカメラの日本橋三越や札幌東急への出店とはどう異なるのかという点においてだ。そしてそれは、従業員を納得させられない企業が顧客や一般消費者を納得させられるのか、ということでもある。

まだまだ池袋西武から目が離せない。

◎2023年11月15日号

西武vsヨドバシ　百貨店と家電の未来

池袋家電戦争と街づくり

家電量販店の勢力地図

池袋駅東口にパルコがある。その北側には、山手線沿いにヤマダとビックが立ち並んでいる。ここで、池袋西武の本館北にヨドバシが入れば三つ巴《どもえ》の戦いが避けられないのは誰の目にも明らかだ。

「家電の街」と言えば秋葉原、とは今は昔。市場規模7兆円を超える家電量販店の覇権争いの中心は、今や池袋なのだ。豊島区の故高野区長も生前「家電戦争に巻き込まれずに、文化の街『池袋』を守りたい」

池袋駅東口、ヤマダ電機とビックカメラ

という主旨の発言をされていた。

池袋東口には、家電量販店チェーンで唯一売上高1兆円を超える「絶対王者：ヤマダデンキ」と本社を豊島区に構える「ビックカメラ」の旗艦店や系列店がそこかしこにある。西口にもビックカメラのほか、東武百貨店に「全国6位：ノジマ」が入居する。池袋電気街（勝手に命名？）を歩いてみると、家電を品定めする客は、各店舗をハシゴしているのが分かる。

ヤマダデンキはそもそも郊外の客をターゲットにするロードサイド戦略でシェアを拡大してきた。一方で近年は都心型店舗「ＬＡＢＩ」を軸としたレールサイド戦略（駅前出店）にも注力しており、池袋の日本総本店はその旗艦店であり象徴でもある。２００９年に、いち早く百貨店池袋三越の跡地を引き継いだ形だ。

ヨドバシプラン

池袋西武のリニューアルプランは、既に動きだしている。早ければ２０２５年初頭にも、池袋西武の7フロアに亘りヨドバシカメラを展開する予定だ。

ヨドバシのトップは、地下1階のデパ地下と地上1階のルイ・ヴィトンについては譲歩すると強調している。だが逆にいえば譲歩はそこまでであり、それ以上の妥協は一切しない、という決意とも受け取れる。なぜなら、既存のビックやヤマダよりも駅近でなければ、何の意味もないからだ。

ヨドバシが池袋西武に入居すれば、1階路面に入っている「ルイ・ヴィトン」は残しても「エルメス」やその他のラグジュアリーブランドが撤退する可能性もあるだろう。

池袋の文化

百貨店を乗っ取るようなこの計画そのものを批判する動きもある。行政だけでなく、他の百貨店の労働組合や地元商店街からも異論が噴出している。

今年2月に亡くなった高野之夫前豊島区長は、ヨドバシが西武の低層階に入ることに一貫して反対していた。池袋駅東口の、最も目立つ場所に高級ブランドではなく家電量販店チェーンの看板がかかる事が街の景観を壊す恐れがある、との考えからだ。海外ブランドが文化であるかどうかは個人の認識の違

西武百貨店池袋本店1階には、ルイ・ヴィトンが大きく店を構えている

いかもしれないが。

地の利

さて、批判を承知の上で池袋に進出を目論むヨドバシ。ただでさえ家電チェーンが密集しているエリアに出店する理由は何か?家電市場に詳しい専門家は「やはりターミナル駅の『圧倒的な集客力』に期待しているのでしょう」とのこと。インバウンド回帰の波も含め、池袋の家電量販各店が賑わっているのは事実であり、需要はまだまだ飽和していないとも言える。巨大ターミナルへの出店戦略でノウハウを持つヨドバシは「後出し」でも勝算があるという事なのだ。

実際に業界3位のヨドバシが池袋に参入すると、勢力図は大きく変化する。池袋駅直結の利便性で他店を上回ったヨドバシが圧勝する可能性がある上、同時に取得する西武渋谷などを合わせれば数千億円単位の売上増も見込めるからだ。売上高1兆円の大台に乗せてくることも期待でき、ヨドバシは池袋と渋谷の一等地を手中に収めビックを逆転するどころか、1位のヤマダに取って代わる事を目論んでいるのかもしれない。

西武はオワコンか？

ファンド関係者は「池袋西武をどうこう言う前に、百貨店のビジネスモデル自体が旧態依然で一部の大都市圏以外ではうまく機能しているとは言い難い。うまく行くのであれば、そごう・西武も不振に陥ることなく、売却されることもなかったのでは」と指摘する。確かにそれはそうだ。だが、池袋西武の場合、この後ヨドバシが自店の導入を強引に進めれば、既存出店テナントの反発は必至だ。移転や撤退に伴う費用請求や、最悪の場合、訴訟に発展する可能性も否定できない。

新経営陣が就任して日が浅く、再建は始まったばかりだ。池袋西武の改装も、今後修正を重ねていくと思われるが、ある都心百貨店の幹部は「売場面積が半分になった上、効率第一の商品政策を進めれば、池袋西武は終わる」と看破し、であれば「我々にとっては大きなチャンスだ」と期待を込める。

池袋の家電戦争は、家電業界の覇権だけでなく、都心百貨店全体の再編に繋がる大きなうねりを孕んでいるのだ。そして家電業界の覇権を狙うヨドバシは、池袋だけでなく渋谷でも着々と計画を進めている。

※用語解説
オワコン：「終わったコンテンツ」の省略形として使われるネット発のスラング。流行が過ぎ、多くの人の興味を引きつけられなくなったコンテンツから転じて、時代にそぐわないもののことを指す。

渋谷西武

フォートレス＋ヨドバシ連合は西武百貨店渋谷店についても、駅に近く本館の位置づけのA館をヨドバシ化することで動いている、という。百貨店視点で言うと、渋谷での海外ブランドの受け皿は東急百貨店なき今、パルコかスクランブルスクエアか、であろうか？某有名ブランドは池袋西武と渋谷西武にある既存ショップについてパルコへの同時リプレイスを検討している、と言う話が筆者の耳にも届いている。

西武が困るということは、他の百貨店にとっては大きなビジネスチャンスだ。池袋では家電戦争だけでなく、百貨店ブランドの争奪戦も同時多発的に勃発しているのだ。勝者が誰かは、今のところ定まってはいないが、敗者だけは西武と決まってしまっている。とても悲しい出来レースと言うべきか。

池袋と渋谷、と言えば西武だけでなくハロウィンのニュースが世間を騒がせていた。

余談「ハロウィン」論

渋谷のハロウィン対応が話題になっている。渋谷区長が外国記者クラブで「ハロウィンで渋谷に来ないで」と異例のお願いをしたのだ。韓国の梨泰院（イテウォン）での圧死事件もあり、行政側がナーバスになるのは理解出来る。結局、周辺エリアの路上飲酒禁止や大量の警察官の動員もあり、渋谷で事件らしい事件は起こらなかったが。

一方で、池袋にはこの期間に１４万人のコスプレイヤーが集結したという。こちらは、企業と行政が手を組み本気で真面目なイベントとして池袋ハロウィンを定着させてきた経緯がある。

・池袋

９年前の２０１４年１０月に、当時７６歳であった故高野区長は、池袋で開催された「ハロウィンコスプレフェス」で、自らサイボーグ００９に扮し、地元企業のドワンゴやアニメイトと組んでイベントを盛り上げた。翌２０１５年には怪物くんのコスプレで、魔法使いサリーに扮した小池百合子衆議院議員（現東京都知事）とともに参加し、池袋の街をアピールしている。だからこそ、故高野区長の「池袋の街の文化を守りたい」という発言にも、重さが感じられるのだろう。

筆者は、渋谷区長や現豊島区長に「コスプレくらいしろよ！」と言う無謀なダメ出しをしたい訳ではない。渋谷や池袋の街を少しでも良くしたいという気持ちは、その行動に自ずと現れるし、住民やステークホルダーはそれを見ているという事を肝に銘じて欲しいのだ。山手線で１５分ほど隔たっただけの街の、ハロウィン格差はどういうことなのだろう。渋谷と池袋の違いは何だったのか。

・渋谷

渋谷のハロウィンについて、ＳＮＳ等の反響を見ていると「若者はなぜ渋谷に来てバカ騒ぎをするのか」とか「そもそもハロウィンは『コスプレイベント』ではなく、日本で言えば『お彼岸』的な先祖供養ではないか」と言った、そもそも論や若者批判ばかりが散見される。

正直筆者も渋谷駅前のスクランブル交差点を行き来する輩《やから》を見て「何のために来ているのか？」とは思う。が、スクランブルで騒ぐ不逞の輩にとっては、ハロウィンでもワールドカップでも、理由は何でも良いのだ。単に「１０月末は渋谷で騒ぐモノ」という暗黙の了解があるかの様に振舞っているのだ。

真面目にコスプレを楽しみたい人は渋谷ではなく池袋に行くし、郊外に限らず住宅街では、親御さんが子供達にコスプレをさせて、お菓子を貰う微笑ましいイベントは数えきれないくらい催されている。

・定着
ハロウィンというイベントについてクリスマスやバレンタインを引き合いに出すのも恥ずかしいくらいだが、日本人は洋物の年中行事を日本風にアレンジして定着させるのが好きなのだ。結論として、悪いのは渋谷でもハロウィンでもなく「ただ騒ぎたいだけの輩」であり、大量のゴミの清掃や、警備に係わる費用を彼ら彼女らに負担して欲しいくらいだ。

しかし、渋谷のスクランブル交差点はハロウィンにより世界的に有名になった。インバウンド効果で集客も可能なのに、それを活かす術《すべ》を見つけられないのか、集客した後の過ごし方楽しみ方の提案に失敗したか、そのどちらか（あるいは両方）であるのは明らかだ。

悪名は無名に勝る
渋谷の盟主を自任する東急も、我関せずではなく、渋谷に繰り出した若者の受け皿となるイベントをキチンと用意すべきなのではないか。

「人が来すぎて困る」とは、全国のどの自治体も、こんな発言を羨ましく、いや恨めしく聞いているに違いない。渋谷区の「来ないでくれ」発言は、例えそれが（事件、事故を未然に防ぐための）自治体の本音ではあっても「それを言っちゃあ、おしまいよ！」なのだ。

行政が音頭を取って、地元企業やセンター街や道玄坂といった商店街と組んで、せっかくのビジネスチャンスをもっと生かして欲しいと思う。既に何かしらやっていたら申し訳ないが、残念ながら、そうした話は聞こえて来ない。

街は来る人を選べない。だが、来て欲しい人に「選んでもらえる街」になる努力は、しなければならないと思う。

◎2023年12月1日号

そごう・西武労働組合 寺岡委員長インタビュー②

そごう・西武の親会社がフォートレス・インベストメントに変わってから初めての、そごう・西武労働組合寺岡泰博中央執行委員長へのインタビューとなる。西武百貨店池袋本店書籍館2階のそごう・西武本社で行った。

2023年11月6日、10時にインタビュー開始。

労使協議

【デパート新聞（以後はデ）】最初にお聞きしたかったのは、そごう・西武は、クロージング（株式譲渡）が終わり、セブン&アイから投資ファンド（フォートレス・インベストメント）の傘下に入られました。

そのファンドなりパートナーであるヨドバシカメラから、組合に対して何かご説明というか、話し合いの機会は持たれたのですか？

【寺岡委員長（以後は寺）】ないです。会社としてはありますけど。

【デ】組合へのアプローチはないということですか。

【寺】いわゆる労使協議というのは何回かやっていますけど。労使協議の中では、事業計画がどうしたとか、そういう話はまだです。

【デ】今回、ヨドバシが池袋西武に出店するのでなく、逆でしたね。（今の池袋西武の）館に同居されることになると。

【寺】向こう（ヨドバシ）が入るのではなくて、こっち（西武百貨店）で「残る部分がある」という事です。

【デ】これは他のメディアの受け売りで恐縮ですけど、池袋西武のデパ地下ですとか、ハイブランドは一部残すと、先方（ヨドバシ）が妥協したような言い方をしていると記事で読みましたけど、実際問題としてはその辺りは、具体的に伝えられているのですか。

具体的には

【寺】それは組合と言うよりは、対会社として、ですね。ですから、そごう・西武の経営側が、我々にどこまで伝えているのか、ということです。それで言うと結論はまだ出ていなくて、労使協議の中でどういう話になっているのかというと、①9月1日にオーナーが変わり、これからは経営体制が変わります。②今後は「経営と執行」を分離します。③「執行」は今まで通り、旧経営陣である田口社長を筆頭に現場はお任せします。④「経営」を担うフォートレスは、資金面を含めてサポートする側です。という話があって、その後詳細についてては、また改めてという話になっています。

労使協議の中で「改めて」というのはいつになるのかと聞きましたが、「申し訳ないが計画が遅れている」と。そもそもお店（百貨店）が半分以下になるわけですから、すぐにプランが出て来る訳もない、と思うのですけど。経営側は「まだちょっと出せるレベルにないので、もうちょっと待って欲しい。年内にはなんとかなるのでは。」というのが最新の状況です。

退職者は

【デ】　ちょっと差支えのある質問かもしれないですが、今回のことで（親会社が変わる、ヨドバシが入居し百貨店が半分になる）という理由で、そごう・西武を退職された

【寺】方とか、いらっしゃるのでしょうか。
実際は今回のことが直接の原因かどうかは分からないですけれど、退職された方はいます。皆さんいろいろ諸事情もあるでしょうし、いわゆる定年退職とか、自然減とか、そういうこと以外のプラスアルファの部分がどれぐらいあるかっていうことです。まあ普段よりは少し多いかもしれません。まあそれは何かしらの影響はないとは言えないです。

変わらないコト

【デ】今後のことについては、先ほどの「年内には説明する」というところを聞いて、それからということになりますか。

【寺】何かをするとすれば、どのみち我々は今持っている情報から基本的には何も変わっていません。(現実にはいろんな報道がありますけど)
いわゆる正式なフロアプラン(という表現が良いかどうかわからないですけど)、その事業計画が、そもそも池袋だけじゃないとするならば、そごう・西武としてどうしていくのか、そして池袋店はどうなっていくのか、もっと言うと千葉とか渋谷とか、いろいろ言われておりますけど、それもどうなっていくのか。みたいなことは全部一緒くたになって、こうなるよっていうのが出せるというか、それは（組合に）話します、ということです。

それまでは基本何かが大きく変わって説明を受けたとか、具体的に現場が変わったという話は現実的にはないです。

変わったコト

【寺】　単純にヨドバシがうちの土地建物を取得して、フォートレスが（土地建物を転売後も）「執行権」を握って、取締役が増員された、ということ以外の事実は、現実的にはないです。

そうすると現場の人間にとって、営業上何か変わったという話で言うと、決算期が変わったぐらいのものです。もともと2月末締めで3月スタートだったものが、9月締めの10月スタートになった。これは単純に親会社の決算のタイミングに合わせて変わりました。

ただ、決算期が変わったから営業上何かが変わるっていう話は基本的にはないので、そう考えると営業の現場の人たちが、今何か目の前で大きくその影響で、自分たちの売場が変化したとか、働き方が変わったとか、そういう話はないです。

スケジュール

【デ】　これはあくまでも推定というか噂レベルですけども、渋谷西武のA館をヨドバシにする、という話を聞いています。当然ですけど、千葉をどうするとかも含めて、日々の仕事は今のところ影響を受けていないということですね。

【寺】　今のところは、そうです。

【デ】　これは委員長が知り得る情報ではないのかもしれませんけど、来年の夏にはそのプランが出て、それに向けて売場の区画整理が始まるという様なスケジュールですか。

【寺】　来年の夏というか、それはそんなに遅くないと思います。もっと早いですよ。

【デ】　ハイブランドがいろいろ反対をされる、というようなことは、想定はされているとは思います。これは百貨店業界にとってはすごく大きなことですけど、ヨドバシにとっては、家電業界でビックカメラにとって代わって第2位になり、ヤマダデンキに迫るために、この池袋の街を（渋谷もそうですけど）足掛かりにしようとしている、ということですよね。

【寺】　ただ、我々現実そのことに触れるとか、コメントできる立場にはないです。

現在進行形

【デ】　東急や東武、パルコもそうですけども、渋谷も池袋も、外資系のハイブランドや、日本のデザイナーズブランドは、池袋と渋谷の両方で売場を（西武から）移動しなくてはいけないのでは、と考えているると思います。そういう情報も漏れ聞いています。

そういうことは水面下でいろいろ動き出しているだろうな、と思っています。今、各ブランドさんと具体的に場所をどうするか、という話はされていますか。

【寺】　スタートし始めたところだと思います。

【デ】　例えば象徴的にエルメスとかルイ・ヴィトンとかのブランド名が出ますけれど、そういうところとの話し合いはこれからということですか？

【寺】　これからというより、現在進行形です。それは別に経営が変わるとか変わらないとかという以前から、水面下ではずっとやっているわけで、表に出ていないだけで。

ストライキ

【デ】　ストライキに関してですが、これは我々デパート新聞の中でも、社主も含めて「意義があった」という見解です。前日にやってどうかとか、結局翌日にはクロージングしてしまったじゃないかと言う人も居ましたけれど。やはり耳目を集めるというか、マスコミやメディアに対して、こんなことが起きているのか、という、セブンとかヨドバシの発言まで含めて、いろいろな人の「口に上る」様になったということは、それだけでもストライキ決行に大変意義があったと思います。

それに関して、寺岡委員長はどう考えてらっしゃいますか。

【寺】改めて言っておくと、当時その辺のコメントも出していると思いますけども、そこから特段今も変わっているつもりはありません。結果が変わらなかったのは、これはしょうがないということ、それはやっぱり、結果を変えるべくやったわけだから、そういう意味では残念ですけども。

ただ、ストライキによる社会的インパクトというか影響は間違いなくあったでしょう。そのことに関しては、「経済合理性だけでいいのか」ということも含めて、記憶に残る出来事だったと思います。

資本の論理と公益

【デ】デパート新聞では、「百貨店は公益事業」だという、ちょっと極端な言い方ですけど「百貨店と言うのは、自分さえ良ければいい、という考え方では成り立たない商売だ」というスタンスを公言しています。

その辺りのことは一致する考え方だと思います。ストライキについては労働者の権利ではありますけど、一つの手段という考え方でしょうか。

【寺】もちろん、むやみやたらに振りかざすつもりは全くないです。第一義はやっぱり我々小売業なので、お客様やお取引先様に迷惑をかけることはやっちゃいけない、というこのスタンスは変わってないと思います。

ただやはり、これは労働者の権利であり、それを使うことが悪いとか、労使協議が対等でないとか、誠実でないとか、そういうことがもしあるのだとするならば、ストライキをやるかどうかは、(またスト権を確立しなければいけないでしょうし)それは一般論として必要だと思います。

そういう意味でいうと、少なくとも池袋西武は1万人規模の人が働いている、全社のお取引先様3万5千人の方が働いているわけで、お取引先の企業は2千社あるわけですから。

【デ】皆さん心配ですよね、それは当然だと思います。

【寺】やはり親会社が資本の論理だけで、それ一本槍で、そのまま仕切られると、少なくとも順風満帆に事業が拡大していくならまだしも、縮小するわけです。しかも（池袋西武が）売れてないならまだしも売れているわけで、そこを（ヨドバシ導入改装を）やるわけだから絶対に何らかの歪《ひずみ》が出ますよね。

労働者の権利

【デ】　今まで「失われた30年」とか「給料が全く上がってない」とか賃金についていろいろ言っているのに、労働者は自分の権利をまるで主張しない世の中になってしまったと思っています。

先ほど委員長もおっしゃっていましたけれど、ストライキは「悪ではない」と「労働者の権利じゃないか」ということです。「労働者が大人しいから資本家に搾取されている」とまでは言いませんけど、極端に言えばそういったことが起きているのではないかと思います。

ストライキの意義というのは　百貨店業界に限らずですが、日本で今働いている人みんなが「そうだよね、言われっぱなしで、なんか貰える物をただ貰っているだけだったよね」と（今更ですけど）皆ちょっと気づいたのではないかと思っています。そういう意味でも「意義」があったのではないかと思っています。

多分それは委員長自身も感じておられるのではないかと思いますが。

【寺】 確かに経団連の会長が話をし、国際的にも話題に上がっているという認識はあります。ただ、ストの当事者たちは、別に日本のためとか、そんな大きな話ではなく（結果そうなっただけで）自分たちはもう自分たちの生活を守るために、必死でやっていただけなのです。

やはり我々も、ストライキのやり方も、単純に自分たちの給料を上げろとか、処遇を改善しろというのは、それによりいろいろな影響があるということを考えなければいけないと思います。

闘う御用組合

【寺】 今回は自分たちのみならず、地域だとか、どれだけ影響が出るのか、ということも含めて考えてほしいという思いは強く持っていました。そう考えると今後も同じような境遇になり得るのだとするならば、それは 躊躇なく（ストライキも）やることも考えないといけないというスタンスは変わっていません。

ただ、誤解されると困るのですけど、僕らは普段から「闘う組織」でもなんでもなくて、普段は我々も「御用組合※」と呼ばれている、その一部なわけです。別にそんな特別な組織でもなんでもなくて。ただ「いつまでも黙ってはいない」という思いはあります。

【デ】今回特に蚊帳の外というか、セブン&アイのやり方が（情報開示の話もそうですけど）稚拙という事があって、我々にも「言う権利」はあるのだ、という「意志」を示すというのは、非常に大事な行為だったと思っています。

セゾン文化

【デ】2回目の記者会見の時に、そごう・西武労組の支部の皆さんの発言を見て聞いて、いわゆる旧セゾングループの、そういうアピールの仕方の「いいところ」を見たような気がしています。

【寺】あの後、個別の取材で、今更ながら、セゾングループの考え方というか、当時の「文化を造る」みたいな、ひょっとすると一周回って、今の時代に必要な話なのではないのか、みたいなことで、取材要請は結構来ています。私が語るのも変ですけど。

【デ】まだまだ我々はデパートというものを盛り上げていこうという立場なので。後方支援というか、応援団のようなつもりで（メディアにあるまじき言い方かもしれませんけど）います。また何かありましたらお話を伺いたいと思います。

【寺】　またお越しください。

※用語解説
御用組合《ごようくみあい》：使用者（会社側）から経済的援助を受けたり、使用者の意向に従って動くなど、自主性のない協調的な労働組合の俗称（蔑称）。会社組合（Ｃｏｍｐａｎｙ Ｕｎｉｏｎ）、黄色組合（Ｙｅｌｌｏｗ Ｕｎｉｏｎ）とも言う。

＊

＊

インタビュー後記

寺岡委員長曰く、８月３１日のストライキ前後は毎日鬼の様に取材が入っていたが、１１月現在、週２本ほどに落ち着いた、という。マスコミというのは、事件があると一気に殺到し、ちょっと時間が経つと、直ぐに興味を無くしてしまう。これはメディアの報道を受け取る我々の興味が続かないという事でもあり、報道の必然であり、限界でもあろう。

◎2023年12月15日号

西武と東急　過渡期を迎えた電鉄系百貨店

ターミナル3駅

山手線の西側に連なる、巨大ターミナル駅、渋谷、新宿、池袋の再開発が始まっている。全国トップの乗降客数を誇る新宿と、北の玄関（埼玉の入口）池袋、そして南の玄関（横浜直結の）渋谷、の3駅だ。

東急と西武　渋谷戦争

日本有数の富裕層エリア（代官山、自由が丘、田園調布）を抜けて横浜に至る東急東横線や、新たな富裕層を育んだ田園都市線を含め、沿線不動産の市場価値を高めてきた東急の戦略は、私鉄とターミナル駅のブランド価値形成のお手本と言って良いだろう。

1967年、東急の牙城である渋谷に西武百貨店が出店したことにより、第2次東急対西武の戦争が勃発した。電鉄系デパート同士の直接対決だ。

渋谷駅直上の東急デパート東横店（東横百貨店）の創業は１９３４年と古く、１９５６年には映画館やプラネタリウムなどが入った複合施設東急文化会館が現ヒカリエの場所に造られた。ここまでは完全に東急寡占時代であり、文字通り「渋谷は東急の街」であった。

本格的な渋谷戦争の開戦はオリンピックの後だった。１９６７年に駅から離れた場所に東急百貨店本店ができ、翌１９６８年に西武百貨店渋谷Ａ・Ｂ館が完成した。どちらも世田谷周辺の上流階級の婦人をターゲットにしていた。ここまではデパート同士の戦争であった。そして次に若者にターゲットを絞った渋谷パルコパート１が１９７３年にオープンし、渋谷を「若者の街」へと変えていった。この時点で「公園通り」という渋谷の僻地を若者ファッションのメッカに変えた功績を評価し、西武系が優勢だった、としておこう。

（※公園通りとはＰＡＲＣＯがイタリア語で「公園」を意味していたからであり、１９７０年代初めまでは「区役所通り」と呼ばれていた。）

西武の分岐点

西武の創業者である堤康次郎は、東急の五島慶太が長男である五島昇にすべてを譲ったのとは違い、正妻の子である義明に電鉄や不動産、ホテル業などを束ねる鉄道グループを任せ、義明の義兄にあたる清二に百貨店を中心とする流通グループを継がせた。
当初は同じ西武グループとして連携していたものの、清二は西武流通グループ（後のセゾングループ）を立ち上げ、義明の西武鉄道グループ（後の西武ホールディングス）とは縁もゆかりもない地方にまで西武百貨店を行き渡らせた。

衰退の歴史

「だから鉄道とデパートを両方運営していた東急グループは残り、分離した西武グループは衰退してしまった」という話ではない。分離して、デパート一本で経営をしたからこそ、セゾングループは急成長をしたのだという話だ。たとえそれがバブル期の「見果てぬ夢」だったとしても、だ。

最盛期である1980年代を経て、1992年には全国32店舗あった西武百貨店であるが、（因みにそごうのみで28店舗）2003年にミレニアムリテイリンググループ発足時には、そごうと合わせても28店舗となり、2023年現在は、そごう・西武合計で10店舗にまで減少している。セブン&アイ傘下であった20年間は、結果的に店舗数を1／3に減らすリストラの歴史であった。

これはそごう・西武に限った話ではなく、全国の百貨店が同じように衰退を続けていた訳であり、セブン&アイの責任というのは当たらない。もちろん再生させる道が皆無であったという訳でもないだろうが。

セゾン文化

希代のカリスマ経営者であった堤清二が残したものは、西武百貨店以外に、西友、クレディセゾン、パルコ、無印良品、ファミリーマート、ＬＯＦＴ、吉野家等々。

堤清二は百貨店の運営に「文化」の二文字を持ち込んだ時代の寵児であった。もちろんワンマンな一面もあり、放漫経営であったのでは？と言われれば否定はできないが。いずれにしても最盛期には売上高４兆円の企業グループを作った功績は、認めなければならないだろう。そごう・西武労組の寺岡泰博委員長もインタビューの後半で言及されていたが、当時の時代背景もあったのだろうが「セゾン文化」と呼ばれる新しい文化を作るムーブメントの様なものを感じていた、という。そうした「セゾン文化」への回帰、と言うと大げさだが見直しの気運があるとも話していた。

無印良品の商品開発のコンセプトや、パルコのアートやアニメ等、新しいコトへの取り組みなどに、その一端を感じることができる、と思うのは、筆者の判官贔屓《ほうがんびいき》なのかもしれないが。

西武鉄道も

皮肉なことに、西武鉄道やプリンスホテル、コクドなど、本体である「西武コンツェルン」を率いた義明も、２００４年の総会屋への利益供与を皮切りに、株トラブルから西武鉄道は上場廃止に追い込まれた。２００５年には義明自身が東京地検特捜部に逮捕、起訴される事態に至った。そして、結果的にすべての西武グループは堤家の手を離れたのだ。

大事なのは結果ではなく、その過程であり、事業家ならば「世の中に何を残したのか」で評価されるべきだと思う。西武鉄道、そごう・西武とも今も「健在」だ。今後はわからないが……

◎2024年1月15日号

西武池袋本店の元日営業で思う事

2024年元旦

西武百貨店池袋本店が初売りをスタートした。開店前から各出入口に行列ができ、通常の営業開始10時を待たずに30分前倒しの9時30分にオープンした。

スピリチュアルな事、というか開運や吉凶にこだわる方はご存じだろうが、2024年の元日は「一粒万倍日と天赦日、天恩日」が重なる最強開運日であるらしい。それにしては、能登半島地震や北九州市小倉の火災、羽田空港での航空機事故と、元日から胸が塞がれる様な事故や災害の連続である。例えお正月気分の様なモノに浸っていたとしても、一気に過酷な現実に引き戻されてしまった。

それでも、都心のデパート各店が、去年に増して元気を取り戻したのは間違いない様だ。首都圏の百貨店で元日営業するのはそごう・西武のみ、ということもあり、池袋西武はデパ地下だけでなく、財布やバッグを始めとした身の回り品売場も大変な賑わいを見せている。前述した最強開運日に合わせて品揃えを1．5倍に増やした財布売場は、ラッキーアイテムとして高稼働し、売上が前年の3倍に達したという。

結果として、悲喜こもごものちょっと居心地の悪い正月となってしまった。

「オカイモノ♪」

西武池袋本店を含むそごう・西武各店は、今年の初売りとして福袋販売やクリアランスセールを実施した。西武冬市のマスコットキャラクターである「おかいものクマ」の愛らしい姿に来年の元旦もお目にかかれるのかどうか……暗いニュースの連続で、気が弱くなっているのか、正月早々柄にもなく寂しい気持ちになってしまった。

福袋は食品が中心で、西武池袋本店は16000個を用意した、という。正月の食品は縁起物として人気が高く、今年は別会場ではなくデパ地下内での販売を復活させた。お年賀などの進物需要もあり「ガトーフェスタハラダ」などの人気スイーツに、開店前から長蛇の列ができた。

1階から上のアパレルの福袋は、ほとんどのブランドがネット販売に移行したことにより、店頭のセールでは「ジェラートピケ」や「アナイ」といったアフォータブル（気軽に買える）中堅ブランドの売場が賑わいをみせていた。

また、文頭で言及した開運日に合わせ、吉日に使い始めると運気が上がるとされる財布やバッグの訴求を強化し、2階の革小物の売場面積を拡大、更に3階のバッグ売場でも品揃えを充実させ「自分へのご褒美」ギフトの打ち出しを強化していた。

恒例イベント

元日のイベントとしては、毎年吉例の七福神（スタッフによるコスプレ）と冬市のセールキャラクター「おかいものクマ」による新年の挨拶のほか、鎌倉銭洗弁財天の銭洗水で清めた5円玉が入った開運招福銭を振る舞った。コロナ前までは元日に売上が集中していたが、コロナ以降は店頭販売分をネットに分散するなどの施策をとっているため「売上は前年並み」と控えめな予測をしている。

1月の月間売上高はコロナ前の2019年度の水準を上回る想定だ。理由の一つとしては、インバウンド需要の復活による売上プラスを勘案しているからだ。インバウンド対応として、免税カウンターで手続きを行った来店客にも先着で開運招福銭を配付しており、元日の免税客数と売上の総額はともに、前年比2．5倍と強気の予想もうなずける。

セブン&アイＨＤからヨドバシＨＤへ

昨年末に、西武池袋本店にヨドバシカメラが出店し、そごう・西武をテナント化して、従来のアパレルや服飾雑貨の売場を大幅に縮小する改装案が報じられた。そごう・西武は２０２４年８月末までに一旦ヨドバシＨＤに西武池袋店の建物を引き渡した後、改装をスタートさせ、２０２５年にリニューアルオープンすることが含まれている。

ただ、百貨店としての池袋西武の正月、元旦の初売りはこれが見納めなのだろう。東京近郊に限らないが、庶民（この表現も古いのかもしれないが）は神社仏閣の初詣と、デパートの初売りセールをセットにして楽しんで来た。ファミリーやカップル（これも古いか？）で寺社に参拝をして、その後に買い物をするというのは、今も日本人の正月の過ごし方の定番であろう。

大げさに言うと、渋谷、新宿に続き、池袋でも百貨店が減り、この日本の「冬の風物詩」の選択肢が少なくなりつつある、という事なのだ。

・館内で手土産を購入しようと来店した50代と20代の母娘のインタビュー

ヨドバシの出店について母親は「単純になぜ電気屋ばかりが増えるんだろうと思う。洋服とかだってしょっちゅう買うわけではないけれど、いつも見ているお店がなくなるとすると、もう来なくなるかもしれない」と率直な思いを述べた。娘はもっとドライで「たまにアパレルの売場に行くが、なくなったとしても新宿に行くから大丈夫」と話した。

20代はやはり、親世代より百貨店に対するロイヤリティ（忠誠心・支持）が明らかに低い。ここでは世代により意見は様々、ということにしておこう。

ブランド維持も

フォートレスによる西武池袋本店の改装プランについて、もう少し詳しく見ていこう。改装後、フォートレスのビジネスパートナーであるヨドバシホールディングスが家電量販店「ヨドバシカメラ」を出店させ、現状の西武百貨店の売場は半減する。

この改装案では、そごう・西武をテナント化して従来のアパレル（婦人服などの衣料品）や服飾雑貨の自社編成売場（平場）を大幅に縮小し、ラグジュアリー（高級ブランド）や化粧品、食品に特化した店舗に改装する、としている。

フォートレス、そしてヨドバシは、百貨店衰退の理由を単純な低効率運営にあると判断しているのであろうか。

効率化の果て

「家電のヨドバシ」の出店により、現状の百貨店の売場面積は半減する。その一方でフォートレスは、西武池袋本店は全社売上高の3割以上を稼ぐ旗艦店であり、利益貢献の高いテナントに絞り込んで集客力を維持する、としている。

ただ、この方針に関して、百貨店に詳しい専門家は、効率や貢献利益だけでテナントの取捨選択をすることは、改装直後の坪効率や収益率を一旦はアップさせるものの、その効果は長続きせず、半年もしないうちに売場は新たな取捨選択を迫られるだろう、と見ている。ファッションに限らず、百貨店のＭＤは常に新しい流行が求められ、今日最新であったモノが翌日には陳腐化が始まるからだ。最新で高効率なＭＤの賞味期限は極めて短い。新しい流行は翌月、翌週、翌日には既に古くなっているのだ。

共存するも共栄は？

改装案では、ヨドバシカメラがＪＲ池袋駅直上の本館北側や中央に売場を構える方向だ。そりゃそうだろう、そうでなければヨドバシが池袋に出店する意味がない。少なくとも、ビックカメラやヤマダデンキより駅近でなければ、何のために外野からの非難の声に耐えて来たのか分からないだろう。

そごう・西武はヨドバシに家賃を支払うテナントとして、上層階や南側、別館、書籍館に出店するのだ。池袋西武の1階は、現状北側にある高級ブランドの「ルイ・ヴィトン」を南側に移転させ「エルメス」や「ディオール」などが並ぶ高級ブランドのゾーンとする方向だ。

高級ブランドの中には家電と同じ階に併存することに難色を示すテナントもあるため、ヨドバシと百貨店の間に壁を設けるほか、ブランド側に配慮しヨドバシで並行輸入品を扱わないようにするといった案が浮上しているという。正価販売が基本のデパートと、同じブランド品を並行輸入して扱う家電量販店の同居が取沙汰されるのも、こういった事態を誰もが認識し心配していたからだ。

大事なポイントなのでもう一度申し上げるが、後から入居する「ヨドバシ」が実質的な大家（家主）であり、「西武百貨店」は、今度はテナント（店子）の立場となるのだ。文字通り主客転倒するのだ。本末転倒ではない、あくまでも。

縮小あるいは撤退

そごう・西武は、2025年のリニューアルオープンを予定している。

1階の化粧品売場は3階に、地下1階の総菜は地下2階に移転する案が有力だという。

上層階の催事場も残す一方、アパレル大手の衣料品テナントや家具は撤退もしくは縮小する見通しだ。ハンカチや靴といった自前で手掛ける自主編成売場（いわゆる平場）も小さくなる。既に化粧品や服飾雑貨などを扱う一部のテナントが順次撤退を始めており、本館2階の婦人靴「トッズ」などが11月30日をもって同店での取り扱いを終了した。

フォートレスはヨドバシへの土地建物の売却で得た資金を活用し、西武池袋の改装やテナントの移転費用に数百億円を投じ、池袋以外の9店舗に対しても改装して集客力を高める方針だ、という。現時点で店舗閉鎖は予定していない、としている。但し、渋谷西武や千葉そごうの一部には、既にヨドバシの出店が決定していると、関係者の見解は一致している。現時点では昨年8月31日に閉店したそごう千葉店の別館「ジュンヌ」跡地に、ヨドバシカメラの出店を予定している、という。

その他のゾーンも、着々と準備が進んでいる。計画では総菜売場の移転先となる地下2階の南側一帯にあるセブン&アイ子会社の高級スーパー、ザ・ガーデン自由が丘池袋店は24年1月末で撤退する。効率化という名の玉突き改装によりはじき出された格好だ。

ザ・ガーデンは1995年に西武池袋に開店してから約30年の歴史に幕を下ろすのだ。ザ・ガーデン自由が丘は、もともとシェルガーデンと言う名前で、紀ノ国屋とともに高級食品スーパーの代名詞であった。紀ノ国屋も、今はJR東日本の完全子会社となり、駅前の狭い区画に小さな店舗を出店させられたりしており、往時の面影は有名なロゴマークのショッパー（エコバック）だけになってしまった。

筆者の感傷はどうでも良いのだが、高級スーパーは（関西圏のいかりスーパーは別として）明治屋も三浦屋も店舗数が減り、成城石井の一強となってしまった感がある。

食品以外でも、化粧品やバッグなど約２０のテナントが２０２３年１０月以降に売場を順次クローズしている。

年間ワード

ある小売りファッション業界紙が読者に行った「２０２３年の印象に残ったワード」ランキングである。

１位　物価高、値上げ
２位　生成ＡＩ、チャットＧＰＴ
３位　コロナ５類移行
４位　そごう・西武スト

5位　インボイス制度

4位に「池袋西武のストライキ」が選出された。業界紙の読者は、世間一般に比べて、ファッションや、百貨店の関心事に精通している結果であろう。

但し、読者の感想は「セブン＆アイの対応が酷かったから」とか「大企業の経営陣と従業員とのコミュニケーションの無さを実感した」といった好意的なものもある中「新宿伊勢丹の隆盛との対極で、路線の違いが際立つ」とか「労使共に生活者無視。見方によっては百貨店廃業すべし」そして「前代未聞の割に結果としてはあまり意味がなかった」といった辛辣なコメントも散見された。記事は「百貨店ビジネスの終わり」「時代の転換を感じさせる」というコメントで結んでいる。

物事には様々な側面があり、ある方向からのみ光を当てても、その本質は理解できない。我々は百貨店業界メディアの端くれとして、デパートに寄り添う視点とともに、一市民としての定見を持ち続けなければならない。そう、改めて強く思った次第だ。

◎2024年2月1日号

ブランドと百貨店「蜜月から卒婚へ」

西武かそれ以外か

ヨドバシが池袋西武の北側に入る、という大前提は変わらないので、ルイ・ヴィトンが現在営業している区画に残れる可能性は極めて低い。問題は今一番可能性が高い（と思われている）西武百貨店1階南側への移転をヴィトンが拒んだ場合だ。必然的にヴィトンは西武百貨店から撤退し、池袋で「他の拠点」を探すこととなる。

他のビッグターミナル駅と異なり、基本的にはビルイン以外考えられないという池袋駅の特殊事情から、選択肢は非常に限られて来る。パルコか東武百貨店か、それともルミネなのか。

因みにルイ・ヴィトンとエルメス以外のラグジュアリーブランド（シャネル、セリーヌ、ディオール、グッチ、プラダ等）は、現在は池袋西武6階南のプレステージゾーンに軒を連ねている。

「渋谷よ、お前もか？」

西武百貨店のヨドバシ化、と言えば、渋谷西武も同様の状況にあり、こちらもルイ・ヴィトンの去就が気になるところだ。渋谷ではヴィトンメンズはミヤシタパークの北館1階にあり、レディースのみ西武百貨店渋谷店A館1階に出店している。

こちらも、ミヤシタパークを運営している三井不動産、そして渋谷の盟主を自認（自任？）する東急、そしてパルコなど、各社が「水面下での争奪戦」を繰り広げているはずだ。そしてこのことは、ルイ・ヴィトンだけに止まる話ではなく、西武に入居している海外ブランドすべてに共通している

「西武百貨店池袋本館」。写真の右下に「ＬＯＵＩＳ　ＶＵＩＴＴＯＮ」の看板が確認出来る。彼らのブランド戦略では、好立地かつ１階で道路に面している、ということが大前提だ。

ことである。
ここ1～2年で山手線の西側のブランド勢力図は、大幅に塗り替えられることになる。

出店戦略

海外ブランドといっても、その出店ルールは千差万別であり、ヴィトン同様1階路面にこだわるのは「エルメス」であろうか。但し、エルメスがヴィトンと異なるのは、館の1階とは言ってもＪＲ池袋駅に近い北側ではなく、結果的に最初からヨドバシ出店の影響を受けない南側に位置しているのだ。

これは新宿伊勢丹でも同様であり、館の1階ではあるものの、正面玄関ではなく、あえて裏口（勝手口？）をチョイスしている様に見える。賃料的な「最適」を考えているのか、短期的な改装プランに抵触しづらい場所を選んでいるのか。

王者の貫禄とでも言おうか「金持ち喧嘩せず」、筆者の目にはそう映る。

エルメスは銀座丸の内エリアでは、百貨店内ではなく路面店を選んでいる。表参道もそうだ。池袋、新宿、渋谷でのビル入居政策とは対応を変えているのだ。

GINZA SIX

ファッションには「流行《はや》り」があり、当然廃《すた》れる事が「世の習い」だ。エルメスの様にその「威勢」を長く保ち続けるブランドもあるが、そうでないもの（消え去るモノ）は文字通り「枚挙に暇《いとま》がない」。

今、強いブランドは何か、そしてどの程度立地（出店場所）にこだわるのかは、ギンザシックスが参考になる。同店舗の店頭を北から順に見て行くと「フェンディ、ヴァレンチノ、ヴァンクリーフ&アーペル、サン・ローラン、セリーヌ、ディオール」と居並び、どの店もメゾネットで2階も使っている。正面入口を入った正面には「ロエベ」があるが、これは館内だ。もちろん上層階も海外ブランドは多種多様だが、今回は1階立地にこだわる主要大型ブランド（ラグジュアリーとかハイブランド）の話なので、これくらいにしておこう。

因みに、銀座三越の1階には上記に加え「バレンシアガ、グッチ、プラダ、ボッテガ・ヴェネタ」が鎮座している。

次いで、松屋銀座の1階には今回のテーマである「ルイ・ヴィトン」がある。蛇足だが、前述したエルメス以外にも、プラダとグッチは路面で旗艦店を展開している。

二人三脚

かつては、海外ブランドは大手百貨店の1階に大型区画を確保することが、自分たちのブランドの「格」を、無知な日本の顧客に知らしめる手段であった。顧客からすれば、馴染みにしているデパートが「ちょっと高いけど品質の良い品物ですよ」というお墨付きを与えてくれていたのだ。誤解を恐れず言えば「虎の威を借りる狐」の様な関係であった。

その後は「持ちつ持たれつの二人三脚」の関係が長く続いたが、現在はどうであろう？人気ブランドを館に収めることが、今度は逆にその百貨店の格を表すバロメーターになっている、と言ったら言い過ぎであろうか。

今回の主役である「ルイ・ヴィトン」が、池袋西武内に残るか否かが、その分岐点になるのかもしれない。ルイ・ヴィトンが池袋で「新たな拠点」を見つける事が、長く続いたデパートと海外ブランドとの蜜月関係の終わりを示す「エポックメイキング」な出来事として記憶されるのかもしれない。

百貨店が主要テナントである海外ブランドから見放された時、それは、そのブランドの顧客からも見放される時なのだ。「ブランド物は百貨店で買う」という一つの時代が終わりを告げる。そして、百貨店に残された時間は少ない。

インバウンド

それでは、海外ブランドはすべて、路面店や他の商業施設に移ってしまうのか。デパートの味方というか、救世主も存在する。それが再び活況を呈している海外旅行客、いわゆる「インバウンド」だ。彼らは時間が惜しいので、なるべくひとつの拠点でスムーズに買い物をしたい。暑さ寒さやその日の天候に左右されず、子供たちがうろちょろしても怒られない百貨店は、食事もいろいろ選べるし免税手続きもまとめて出来る。インバウンド客にとっては正に至れり尽くせりのワンストップ拠点ではないだろうか。もちろん、新宿伊勢丹の様に海外ブランドの集積に優れた、ほんの一部の大手かつ老舗デパートに限られるとは思うが。後は、円安がいつまで続くかにかかっている。

渋谷の特異性

東急が東横と本店の二つの百貨店を閉店したことにより、渋谷エリアでは、西武がすべての海外ブランドの受け皿になっているのか、と言うと、さにあらず。

銀座エリアの様に百貨店と路面が交錯しているわけではないものの、海外ブランドの路面フラッグシップ展開ゾーンである表参道と渋谷とは微妙に近い距離なのだ。

なおかつ、東急グループの新たなランドマークである「スクランブルスクエア」は、3

階に「バレンシアガ、サン・ローラン、ジバンシー」といったハイブランドを出店させている。「ステラ・マッカートニーとｓａｃａｉ」といった新進のデザイナーに、老舗の「ＫＥＮＺＯ」も加え、そこそこ百貨店に匹敵するラインナップと言えるのではないだろうか？渋谷パルコにも「グッチとロエベ」が入居しており「ジルサンダーやトムブラウン」といった中堅どころも揃えている。

百貨店不在の街でも、ブランドは必ず居場所を見つけるのだ。

イオン化

結論として、海外ブランドは百貨店の専売特許ではなくなったのだ。いろいろなものを好むと好まざるとにかかわらず後進に譲ってきたデパートではあるが、今やデパ地下以外に百貨店らしい物はなくなりつつある。

逆に今まで相手にしてこなかったテナントを受けいれざるを得なくなっているのだ。それが今回の家電量販店ヨドバシである訳だが。もちろんそれだけではない。

池袋西武のライバルである池袋東武のこなれたテナントを見て行こう。

4階　　家電ノジマ

4階　手芸ユザワヤ
5階　家具匠大塚、
6階　百均ダイソー
9～10階　衣料品ユニクロ
6階は、300円均一のスリーピーと新業態のスタンダードプロダクトも併設

尚、6階にあったニトリは1年前にサンシャインの東急ハンズ跡に移転した。

もちろん無印良品とLOFTは昔馴染みの池袋西武に残っている。「これではイオンと変わらない」と言うのは、果たして悪口なのか賞賛なのか。

ブランドとインバウンドに頼っている百貨店は、今そのアイデンティティを脅《おびや》かされ、絶滅の危機にさらされている。そごう・西武に限った事ではない。電鉄系が次々とデパート事業から撤退し、インバウンドの届かない地方の百貨店も、徐々にその数を減らしている。首都圏であっても、最後の最後には、両手の指の数しかサバイバルできなかったとしても、けして驚くべきことではないのだ。

存在意義が明解でないものは、生き残れないのだ。

閑話休題　コングロマリット

ＬＶＭＨモエ・ヘネシー・ルイ・ヴィトンは、パリを拠点とする世界最大級の多業種複合企業体（コングロマリット）である。全世界で約２０万人を雇用し、２０２２年度の全体売上高は約７９２億ユーロ（約１２兆７５００億円）に上る。因みに、ユニクロやＧＵを手掛ける日本最大のアパレルメーカーであるファーストリテイリングの昨年１０月に発表された売上高が約３兆円なので、３倍以上の規模だ。

そしてＬＶＭＨで驚くべきは、その売上規模だけではない。その成長の速さだ。もちろんＬＶＭＨの躍進には理由がある。ＬＶはルイ・ヴィトンであるが、Ｍはモエ・エ・シャンドン、Ｈはヘネシーであり、シャンパンとコニャックを扱う洋酒の会社であった。１９７８年、高級ファッションブランドＬＶと高級洋酒ＭＨが合体し、巨大コングロマリットを造った訳だが、本当に驚くべきはその後だ。

１９８９年のクリスチャン・ディオールの買収を皮切りに、今日まで数々のブランドを傘下に入れ、グループの総従業員数は２０万人を超えているという。（因みにファーストリテイリングはパートアルバイトも含めて半分強の１１万人に止まる。）

その扱いブランドは、ルイ・ヴィトン、ディオールに加え、ジバンシー、フェンディ、ロエベ、セリーヌ、ＫＥＮＺＯからマークジェイコブ、ゼニス、そしてブルガリ、ティファニーといった高級腕時計や宝飾にいたるまで幅広い。

ギンザシックスの項で紹介したブランドの半分は、実はＬＶＭＨに所属しており、そこにもからくりがある。

ギンザシックスと東急

ギンザシックスを運営するＧＩＮＺＡ　ＳＩＸリテールマネジメント株式会社は、株式会社大丸松坂屋（Ｊ．フロントリテイリンググループ）、住友商事株式会社、Ｌキャタルトンリアルエステート（ＬＣＲＥ）の３社の共同出資により設立されている。そしてＬＣＲＥのスポンサーがＬＶＭＨなのだ。自社ブランドを銀座の一等地に出店させるために開発の一旦を担った、という図式だ。

蛇足だが、このＬＣＲＥは、渋谷の東急本店の跡地開発にも、東急や東急百貨店とともに名を連ねており、シロウトが考えても、東急本店跡がＧＩＮＺＡ　ＳＩＸに近い形態のビルになるであろうことは容易に想像がつく。良くも悪くもだが……

百貨店関係者の端くれとしては、ちょっと歯がゆい状況ではある。

蜜月から卒婚へ

海外ブランドと百貨店とは、どちらかの片思いからスタートした関係が、いつしか「お互いにとってかけがえのない存在」になり数十年を経た。ただ、今となって、ブランド側は「このまま百貨店に居る意味ってあるのかしら」と明らかに稼ぎの悪くなったパートナーの先行きを心配し始めているところなのだろう。

稼ぎの良くなった海外ブランドたちは、完全な離婚までは考えていないけれど、この先ずっと一連托生の関係ではないし、これからは「是々非々」のお付き合いにシフトしよう、と百貨店との別居という選択を増やしている。ブランドたちは、百貨店の信用や立地に頼らず自立の道を選び始めているのだ。

デパートは顧客からも、テナントからも、ONE OF THEM（ワンオブゼム）の存在となってしまったのだ。

ONLY ONE（オンリーワン）には戻れないのだ、二度と。

◎2024年6月15日号+7月1日号

ヨドバシが西武と共存？

ヨドバシホールディングス藤沢昭和社長「百貨店との共存」を語る

ヨドバシは西武百貨店池袋本店を一体どうするつもりなのか。

様々なステークホルダーから、意見や異論が百出したそごう・西武売却問題。「ラスボス」であったヨドバシが、やっと重い口を開いた。重い口どころか、藤沢社長が意見を表明したのは始めてではないだろうか？

今までは、評判の良くないセブン井阪社長の影に隠れて、その売却の進め方に対するクレームには「知らぬ存ぜぬ」を決め込んでいたのだから。ヨドバシの藤沢社長はセブンの井阪社長をメディアや労組や行政等々、あらゆるステークホルダーに対するスケープゴートにしていた、と言ったら叱られるであろうか。もちろん、そもそも井阪氏のディールの進め方の「稚拙さ」が問題であったのは認めるが。

そして、筆者が一番驚いたのは、そのヨドバシＨＤの藤沢社長から「共存共栄」という言葉が飛び出した事だ。

失礼、出だしから勢い込んでしまった。

本題に入る前に、先ずは晴れてそごう・西武売却問題の「脇役」に退いた井阪氏の動向をお伝えしておきたい。

購読者諸氏は5月22〜23日のテレビ東京のニュース番組「ワールドビジネスサテライト」をご覧になったであろうか。セブン&アイ・ホールディングスの井阪社長のインタビューが放送された。業界きっての井阪ウォッチャーを自認する筆者としては、見逃す事は許されないだろう。

ワールドビジネスサテライト（ＷＢＳ）

「成長のカギは『世界展開と薬局』目指すはグループ売上高20兆円」セブン&アイＨＤ井阪社長はこう言って胸を張った。以下再録する。

国内1号店のオープンから50年を迎えたコンビニエンスストア「セブン‐イレブン」。

セブン&アイ・ホールディングスの井阪社長が、コンビニ事業の世界展開について詳しく語った。次なる注力先は?

「この先の目標は?」WBSの相内キャスターが迫った。

去年9月の百貨店そごう・西武の売却に続き、祖業のスーパー、イトーヨーカ堂の上場を検討する方針を発表するなど、抜本的な改革を進めているセブン&アイ・ホールディングス。その井阪社長がコンビニ事業のグローバル展開の加速や、調剤薬局大手のアインホールディングスとの協業を強化し、セブン‐イレブンの事業拡大につなげていく新たな構想を明かした。

「ずいぶん選択と集中が進んだ。食を中心にして消費頻度の高い商品とサービスで客に接することができる事業体になった」(井阪社長)

※いつも「苦虫を噛み潰した様な」形相の井阪社長だが、相内キャスターの手放しの称賛にインタビュー中は「相好を崩す」場面が多かった。

さて、賢明なる購読者諸氏は、本コラムが井阪社長への「ヨイショ記事」で終わるとは思っていないだろう、そろそろ本題に戻る。

ヨドバシプラン

ヨドバシホールディングスが百貨店との共存モデルを構築していると、日本経済新聞が4月18日に伝えている。

「次のヨドバシ、百貨店と共存へ」というタイトルで、百貨店と家電、電子商取引（ＥＣ）を組み合わせ、新たな商業施設として集客を強化したい、と藤沢社長は語った。当然これは2023年9月に買収した、そごう・西武の池袋西武がその取り組みの最初のケースとなる訳だ。渋谷西武も同様の計画をしているという話も漏れ聞く。前述した様に、藤沢社長が池袋西武に言及するのは初めてだ。その方針や経緯を見て行こう。

ヨドバシＨＤは西武百貨店池袋本店を現在改装中だ。1階の3分の2は百貨店の営業を継続し、2階以上をヨドバシカメラの家電を中心とした売場にする、という。当初、ヨドバシは店の顔となる1階への出店に固執していたが、地元からの強い要請を受け、3分の2程度を西武側に譲ることにした。

この件《くだり》は、いかにも「ヨドバシは妥協しました。1階は3分の1で我慢しました。」と妙に控えめなスタンスだ。それでも池袋西武の2階から上の面積ははてしなく広大だ。立地と面積に於いて、ライバル達（ビックとヤマダ）を凌駕してお釣りが来る。

従来ヨドバシは、土地を取得した後、一から建物を設計する。こうした既存店舗を改装するパターンは極めて少ないはずだ。

玉突き改装

藤沢社長は、自ら何度も店舗に足を運んだ。

「1階の入口から入ってきた客を、どうすれば2階より上のヨドバシカメラの売場にスムーズに誘導できるのか、どこにエレベーターとエスカレーターを配置すれば客が行きたい売場にたどり着きやすくなるのかなどの改装案を練った。」（藤沢社長）

もちろん既存の建物で昇降機の場所を変えるのは物理的経済的には不可能であり、通路（顧客動線）を変えて売場の見通しを良くするという手法が一般的である。揶揄するつもりはないが、池袋西武は駅直結の地下1階からの顧客流入が圧倒的に多い。藤沢氏は1階にこだわるあまり、誤認をしているのでなければ良いのだが。

尚、具体的な改装期間は、この夏から1年程度となり、早ければ2025年8月には開業予定の見通しだ。西武百貨店の「玉突き改装」は今年に入って着々と（そして無慈悲に）進行している。地下２階の「ザ・ガーデン自由が丘」は２０２４年１月３１日をもって営業を終了。更に８階のレストラン街「ダイニングパーク」南側に位置するスポーツ売場は「撤退告知」のオンパレードだ。

地域活性化

藤沢社長は取材に対し、こう話す。「地元の方々からヨドバシが店を出したおかげで池袋がさらに活性化した、と思ってもらえるよう努力したい」。

消滅した食品スーパーやスポーツブランドは百貨店、いや地域住民にとって不必要だったのか？一方で売上効率が高く、家賃比率の高い「ルイ・ヴィトン」等のラグジュアリーブランドは「守って」貰えた。

課題のハイブランドを残存させたことにより西武は「百貨店の顔

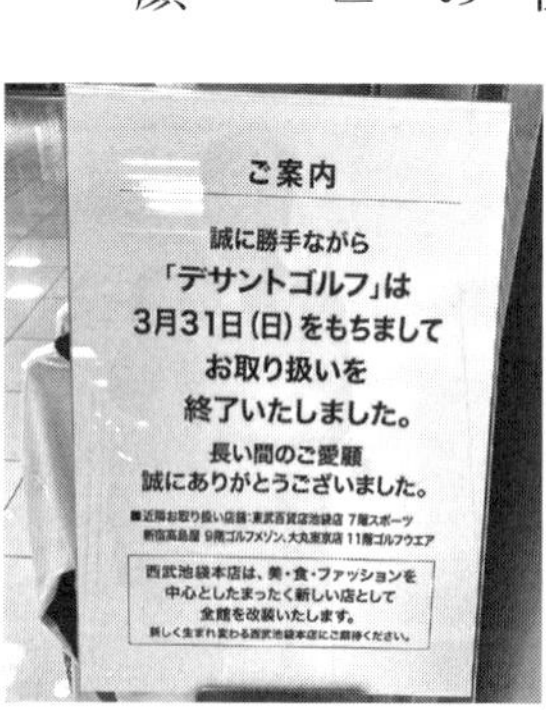

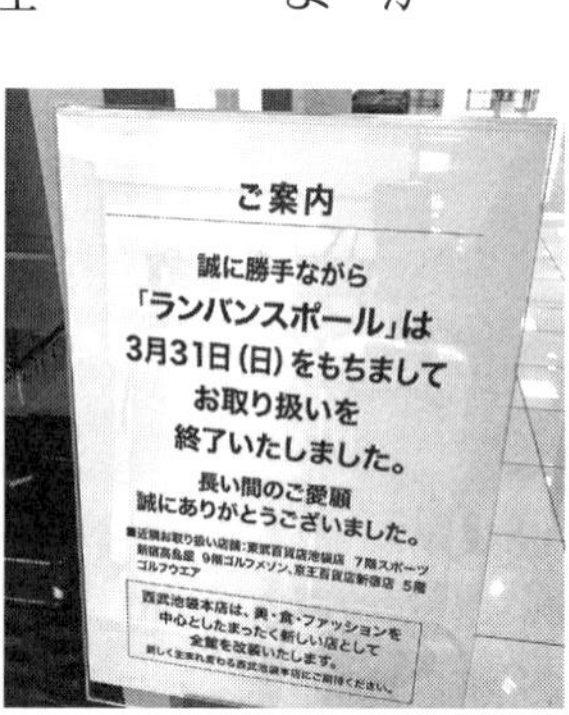

とメンツ」は守れた。そしてヨドバシは「強引な売場退去一辺倒ではなく、話し合いながら、配慮しながらやっていますよ」というポーズになった訳だ。

改装後の２０２６年度の池袋西武＋ヨドバシカメラの売上総計は、池袋西武が百貨店のみであった２０２３年度を大きく上回るだろう。そうでなければヨドバシが進出する意味はないのだから。そして購読者諸氏はお気づきだと思うが「押し出された」ブランドやテナントは、西口の東武百貨店や、隣接する池袋パルコにリプレイスして、それぞれの館を潤すことも充分想定される。

では、困るのはヨドバシの同業者であるビックカメラやヤマダ電機であろうか。

これは明解ではないが、家電が今まで以上に池袋に集積される事により、集客が上がり、その相乗効果により売上マイナスを相殺してしまう可能性も低くない。

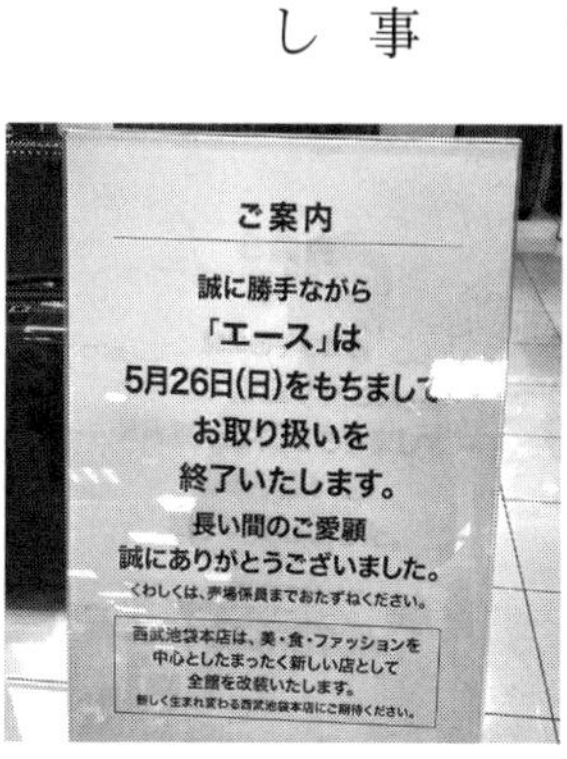

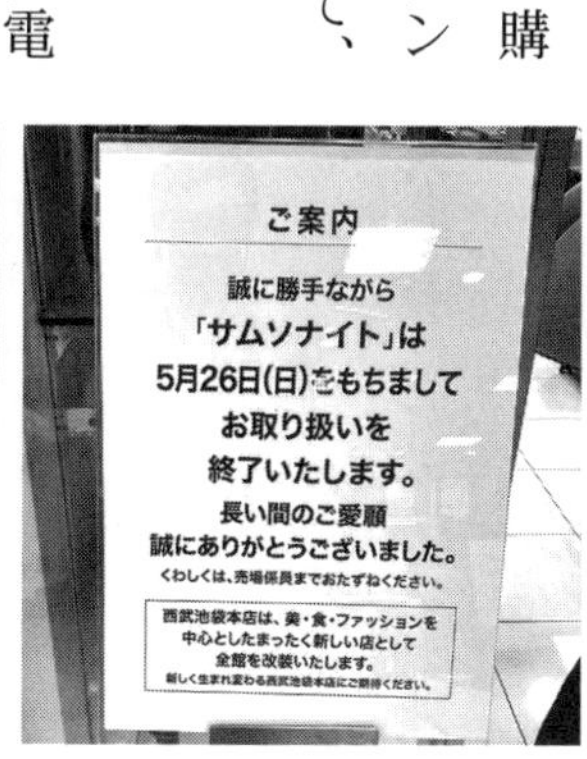

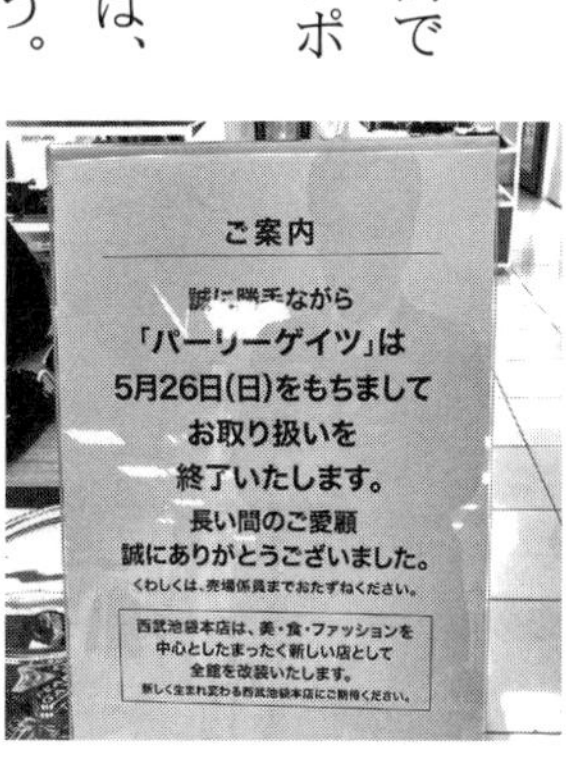

公益の視点

では、これまで何度も言及した、故高野前豊島区長による家電量販店の池袋西武低層階への「反対表明」は杞憂だったのであろうか？

高野氏は「池袋の文化の喪失」を恐れていたのだ。

池袋の街の商業の効率が上がり、小売り業者を潤せば「みんな幸せ」ではないのだ。

「売上が上がり効率が上がるのは消費者が支持した証拠ではないか」と思われる方もいるかもしれないが、筆者が問いたいのは「誰のための効率か、誰のための便利か」という命題なのだ。

本紙が提唱する「公益」の概念は、デパートの歴史の始めから近江商人が提唱してきた「三方よし」に通じる。

「三方よし」：「売り手によし、買い手によし、世間によし」は、近江商人の経営哲学として知られ「商売において売り手と買い手が満足するのは当然のこと、社会に貢献できてこそよい商売」という考え方だ。「三方よし＝社会貢献」は今最も尊重すべき、ソーシャルビジネスやＳＤＧｓの考えそのものであり、資本の論理だけを突き詰め公益を軽んじる（無視する）商売は、結局長続きしない。

筆者は公益を何よりも優先しろ、と主張しているのではない、私利私欲だけの商売は「世間が許さない」と言っているのだ。

ちょっと熱くなってしまった。冷静になってプランの検証を続けよう。

買収は突然に

藤沢社長がメディアに語った西武池袋の買収は2年前に遡る。米投資ファンドのフォートレス・インベストメント・グループから（突然）打診を受けたのだという。

そごう・西武はセブン&アイ・ホールディングス傘下で百貨店事業を継続してきたが業績不振が続き、フォートレスへの売却が決まった。フォートレスがセブン&アイと2022年2月に交渉を始めた直後、池袋本店など一部店舗の売却のために声をかけたのがヨドバシHDだった、というのだ。

ちょっと考えれば、フォートレスは（自分で運営する訳ではないのだから）最初から「転売目的」でそごう・西武を譲り受けたのは明白だ。であれば、セブンと交渉するよりも先に、ヨドバシと「事前に話しをつけていた」と見るのが普通ではないだろうか。買い手もいないのに、先に買い物をする「転売屋」がどこの世界に居るというのだ。もちろん、関係者でもない筆者には知る由もないので、クレーマーと言われる前にこの議論は終わりにするが……

共存共栄

フォートレスはヨドバシHDとの連携について「池袋の旗艦店や周辺コミュニティーを再活性化させるシナジーを出せる」としている。

藤沢社長にとって想定外だったのは、①ハイブランドの撤退や街並みが変わることを懸念した豊島区の故・高野前区長の反発。②そして本紙でも（寺岡委員長のインタビューを交え）詳しく報じた、雇用の継続を懸念したそごう・西武労働組合によるストライキだ。

顔である1階を占拠すれば、さらに波風が立ちかねない。1階の3分の2をそごう・西武側に譲ったのは「あらゆるステークホルダーに配慮した」ととるのか、本コラムの様に「批判をかわすためのあざとい計算」ととるのかはメディアのスタンスの分かれるところだ。

館の地下1階と1階の一部を諦めたが、2階から上はヨドバシのモノ、というのが果たして「共存」なのだろうか？

百歩譲って共存だとしても、誰も「共栄」を保証してはくれない。

ヨドバシの言う「百貨店との共存共栄」が、池袋西武で実現されるのか、注視していきたいと思う。判断をくだすのは、常に顧客（消費者）である。

池袋西武　２０２５年夏に向け全面リニューアル

６月１０日にそごう・西武が発表したプレスリリースには「新しい百貨店へ」というキャッチフレーズとともに、フォートレス傘下で事業戦略を再構築して始めて実施する全面改装の概要が記されている。

事前にスポーツや子供服など複数の売場、テナントを撤退させているのだが、新しい西武百貨店の具体的な内容については全く触れられていない。ちょっと長くなるが、発表されたプレスリリースの前半をそのまま引用しよう。

西武池袋本店、「新しい百貨店へ」
２０２５年夏にグランドリニューアルオープン

常に時代の最先端を担ってきた西武池袋本店は、ご来店いただいたお客さまに上質との出会いをご提供し、特別な高揚感を与えられる百貨店を目指し、初めて館の全面改装をいたします。

「ＩＮＣＬＵＳＩＯＮ（インクルージョン）」をテーマとし、現代の多様で柔軟な時代性に合わせ「婦人」と「紳士」両方のカテゴリーを同一の店舗内に広く展開します。

旧来の、婦人フロアと紳士フロアが分かれていた伝統的な「デパートメント（区分された）」ストアから脱却し、西武池袋本店は、池袋を訪れるさまざまなお客さまを、友人、カップル、家族が一緒にショッピングを楽しめる、自由で開かれた、かつ統一した空間でお迎えします。

ワールドクラスのクオリティを誇る多彩なブランドショップと、上質な内外装で、池袋の街に新たな顔をつくり出します。

美辞麗句

筆者の天邪鬼な心を刺激してくれる、何とも流麗なリリースだ。

「婦人と紳士のフロアが分かれていた伝統的な『デパートメント（区分された）ストア』から脱却し、自由で開かれた、かつ統一された空間とする。」

こういう形容詞を聞くと「戦後レジームからの脱却」とか「自由で開かれたインド太平洋」

リニューアル後の池袋西武フロアコンセプト

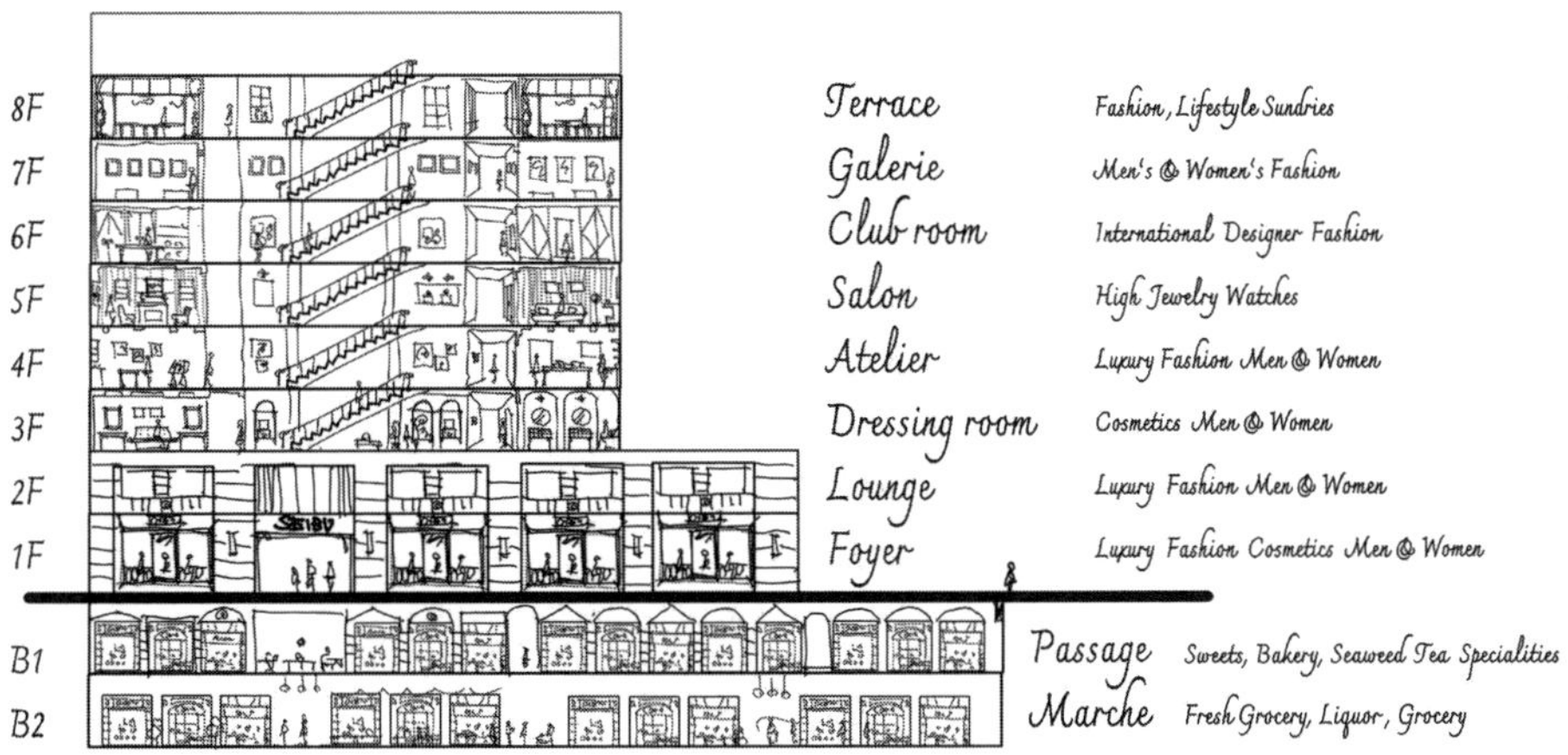

フロアコンセプト（和訳）

8F	テラス	ファッション、生活雑貨
7F	ギャラリー	紳士、婦人ファッション
6F	クラブルーム	デザイナーズファッション
5F	サロン	宝飾、時計
4F	アトリエ	ラグジュアリーファッション
3F	ドレッシングルーム	化粧品
2F	ラウンジ	ラグジュアリーファッション
1F	ホワイエ	ラグジュアリーファッション、化粧品
B1	パッセージ	スイーツ、パン、海苔、特選茶
B2	マルシェ	生鮮食品、酒類、総菜

といったフレーズを連発していた今は亡き元総理を思い出してしまう。要するに、政治家が好んで使いそうなコトバだなあ、という印象なのだ。

かつての西武百貨店と言えば、筆者の世代はコピーライター糸井重里の秀逸なキャッチコピー「おいしい生活。」が脳内に想起させられる。

日本の広告の歴史に刻まれたこの名コピーに代表される、カリスマ創業者であった堤清二が唱え一世を風靡した「セゾンカルチャー」を思い起こすのだ。

今回のそごう・西武売却を巡っても、亡くなった高野前豊島区長がヨドバシ反対の理由として挙げた「百貨店の文化」に思いを馳せるのは、筆者のノスタルジー故なのだろうか。

時代の最先端？

「建物の半分をヨドバシにとられたので、レストランもスポーツも食品スーパーにも出て行ってもらいました。残った売場も狭いので紳士と婦人のフロアは一緒にします。いろいろ不自由ですが、コンパクトにまとめたので統一感はあると思います。」とは書けないし、それは筆者だって分かっているつもりだ。

文頭の「常に時代の最先端を担ってきた西武池袋本店」という表現も、今となっては虚しい限りだ。３０年前まではそうだったかもしれないが、と静かに突っ込みを入れるだけだ。

生存限界

今回の西武池袋は（幸い？）半減で済んだが、今、大都市の駅近百貨店の業態変更や閉店は珍しいものではなくなった。

ＪＲ名古屋駅の名鉄百貨店本店が、再開発に伴い時期未定ながら閉店するという報道があったばかりだ。渋谷東急、新宿の小田急と京王も「百貨店以外の商業施設」としてリニューアルオープンする見込みである。直近では近鉄の脱百貨店宣言を取り上げた。

都心ターミナル駅を拠点とする各百貨店は、それぞれ損益分岐点が異なるが、ざっくり言って年間売上高４００億円未満の店舗は存続が難しくなっていくのでは、と思う。

もちろん、地方の独立系デパートなら年商６０～５０億が淘汰を免れる生存限界と思われる。今回の池袋西武の様に、売上額全国第３位の店舗であっても、運営企業の財務体質が悪ければ、当然売却されるケースもあることが明確になった。

新店はゼロ

これをもって、将来的に全ての百貨店が絶滅するとは断言はできない。しかし、大都市の大手百貨店の中でも、特に優秀な一握りの店舗しか生き残れない事は明らかだ。

各地でメインとなる商業施設は、都心なら（駅近くの）ファッションビルと大型家電量販店、そして地方・郊外であれば（ロードサイドの）大型ショッピングモールやカテゴリーキラーだけという構図に収束していくのではないだろうか。

そして本紙が最も憂いているのは、今後、地方郊外に限らず、大都市であっても、新たなデパートが建てられる可能性は限りなくゼロに近いということなのだ。

そごう・西武というか、池袋西武は、リニューアル後も辛うじて「デパートメントストア」として、生き残った。そのことを喜ぶべきなのかもしれない。例えそれが半減したとしても、だ。２分の１はゼロではないのだから。

◎2024年9月1日号

西武は1《いち》地方百貨店になった そごう・西武労働組合 寺岡委員長インタビュー③

そごう・西武労働組合の寺岡中央執行委員長（以下、寺岡委員長）へのインタビューは、およそ9ヶ月ぶりであり、今回で3回目となる。

焦点はもちろん、そごう・西武売却後の池袋西武のヨドバシ化についてであるが、昨年の8月31日に行われた、池袋西武のストライキを綴った寺岡氏の著作「決断 そごう・西武61年目のストライキ」（講談社）についてもお聞きした。

お互いの近況を振り返った後、早速インタビューをスタートした。

日時：2024年8月1日　11時

場所：そごう・西武本社事務所（西武百貨店池袋本店書籍館2階）

1 撤退交渉

【デパート新聞（以後はデ）】すでに池袋西武の改装が始まっていますが、ほぼ1年かけて改装される訳ですけど、実際問題として、リーシング（出店）よりも退店、やめてもらう方が2倍3倍大変なのではと思います。

【寺岡委員長（以後は寺）】僕が直接やっている訳じゃないですが、本当にそうですね。僕も現場にいたし、バイヤーもやっていたので、おっしゃる通り「出す」（撤退してもらう）方が大変ですね。

2 ハイブランド

【デ】真っ先にお聞きしますが、改装後に戻ってくるというか、一部改装して残るテナントもありますよね。例えば、具体的にルイ・ヴィ

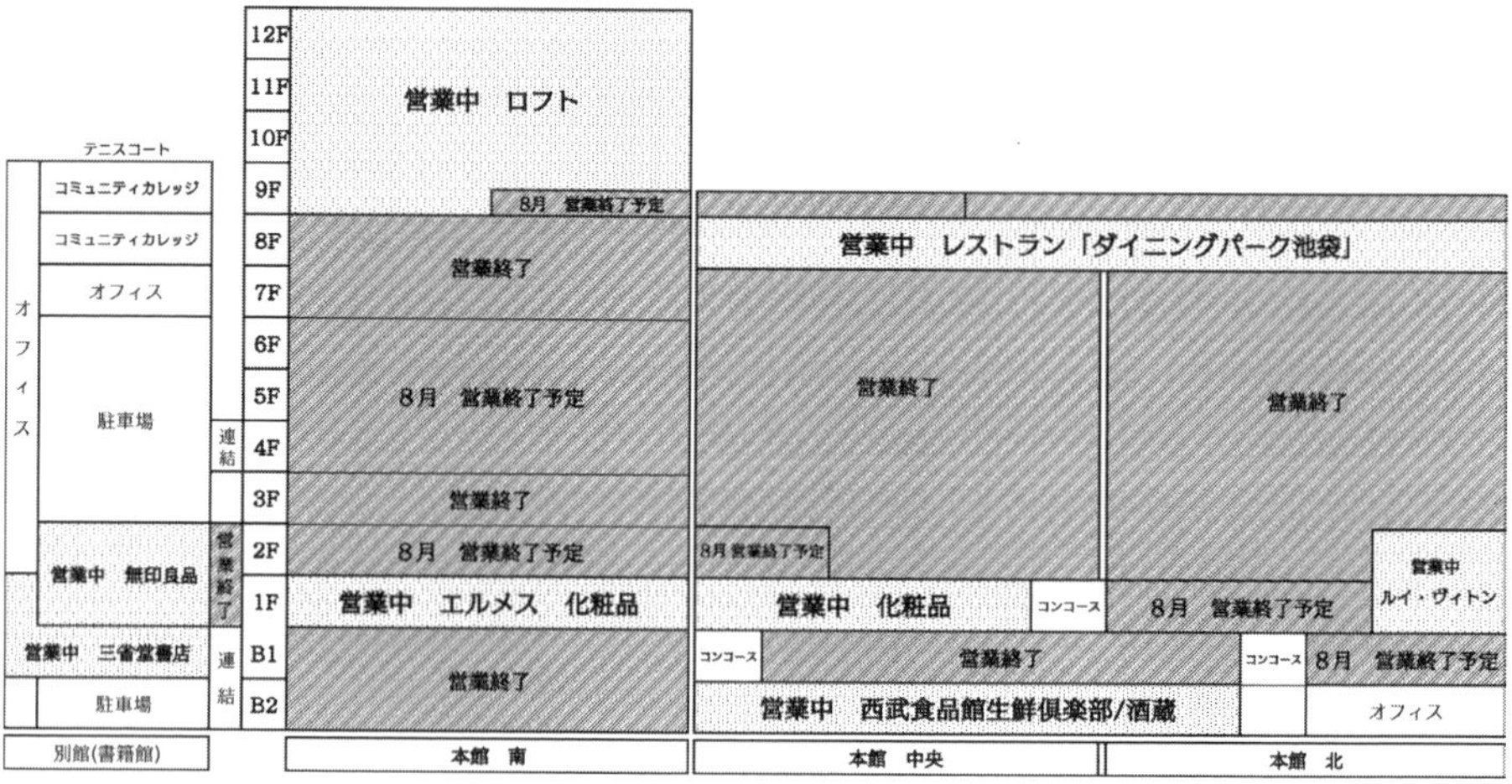

2024年 8月 1日時点の営業終了ゾーン

トンとエルメスは1階に残るのですか？

【寺】これは、どこにもオフィシャルには言ってないから言えないです。（笑）
百貨店のホームページ上の改装プランには「現状営業している店舗」として載っています。レストランもそうですが、改装時期によりフロア図は刻々と変化していきますから。
（改装後のフロア図を見ながら）誰が作ったのか知らないですけど、大体こんな感じです。

3 改装時期

【デ】改装期間は来年の夏というか秋までですか？9月とか？

【寺】グランドオープンは2025年9月とか10月とかの予定です。希望的観測で言うと（季節としては）より手前が望ましいけれど、現実的には

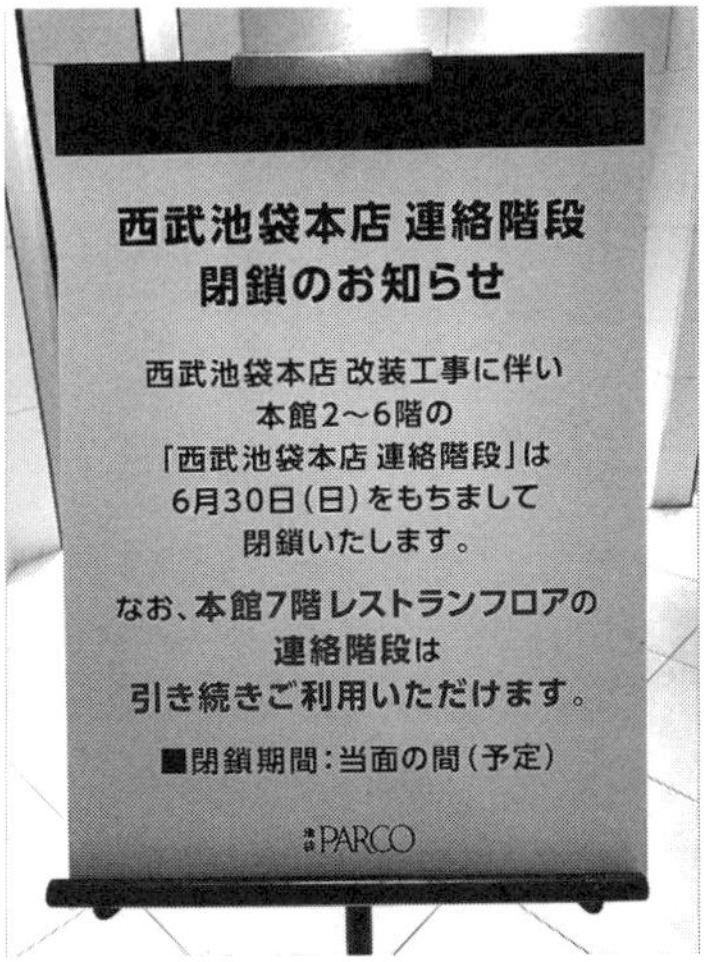

ちょっと冬に差し掛かって来るかもしれないですね。

【デ】今、こちらの書籍館に来るまでの途中、改装で店舗がほぼ閉まっているのを見ました。ちょっと胸が塞がる思いです。

4 大家と店子

【デ】確認ですが、ヨドバシホールディングスが家主となって、池袋西武はテナントとなるのですよね。２０２４年9月1日からと書いてあったのですけど。

【寺】それは正確に言うと、株式譲渡契約上、８月３１日までですね。9月1日からはヨドバシさんが工事に入るので空けてください、っていうのが正しい言い方です。

※ここからは寺岡委員長の著書「決断」を元に質疑応答となった。

5 法廷闘争

【デ】私もやっと「決断」を読ませて頂きました。もちろん実際はノンフィクションというのは分かっているつもりなのですが、特に弁護士が登場する訴訟のパートは「リーガルサスペンス」と言うと語弊があるかもしれませんけれど、非常に面白く読ませていただきました。
　売却差止の仮処分命令は、あれ自体が受理された訳ではないのですよね。棄却された、というのが実態と考えて良いのですか？

【寺】普通に行くと株主代表訴訟なのですが、要はそれが決議されるかどうかっていう、その当時、わずか1週間か2週間前だったので、そんな正式な手続きを踏んでいると、その間に（売却が）終わっちゃう。そのために弁護士と相談して、差し止め請求をすることで一旦（売却を）止めることが先決なんじゃないかという判断でした。
　ただ、既に動いていることを、それで全て止めることはできないので、まず一旦それで手を打つっていうことからスタートしましょうって事なので、棄却されることはほぼ想定しながらやったということです。

【デ】株主代表訴訟というのは、（そごう・

西武という）会社を売却する事による損害について、当時のセブン＆アイと井阪社長に対して損害賠償を求めるという内容で、今も係争中ということで良いのですか？

【寺】（係争を）やっているけれども、おっしゃる通り、仮処分命令は棄却されており、上告も取り下げているので、今は株主代表訴訟という、本丸１本で継続中という形になります。

期間としては、普通は1年半から2年くらい。とは言っても、弁護士さんの見解としては、１０年ぐらいというのもありえる。僕もあまり詳しくないが普通であれば2年前後だと。

6 林拓二社長

【デ】（そごう・西武の）林前社長のことですが、もちろん敵でも味方でもないというか、一応経営者側でいらっしゃったから難しい問題かもしれませんが、セブン＆アイとの関係性という意味では、林社長は間に入って、うまく取り仕切る、と言うか、良好に済ませようというお考えだったのですか。

【寺】あくまで僕の見解ということですが、平たく言うと、（林さんとしては、売却プランは）ほっとけば、頓挫《とんざ》する可能性が高いと思っていたのではないかと思います。

そもそも（セブン＆アイに）噛みついたら（社長職を）解任されるという話ですから。

【デ】現実として、最終的には（噛みつかなくても）そうなった（解任された）訳ですね。

【寺】おっしゃる様に、上手く綱を渡っておけば、（売却プランが）勝手に自滅すると。

そもそもこんなに難易度のある売却はないですし、本来相当難しい話ですから。

（そごう・西武の林社長が解任直前の面談で、セブン＆アイの井阪社長に異を唱えたのは）そこが限界というか、鉄道（西武ホールディングス）の後藤社長がいる前で面談をするのはあれが最後で、あのタイミングより後はなかったですから。

7 去就

【デ】単刀直入にお聞きしたいのですが、著書（「決断」）の中でも触れておられますけど、委員長ご自身の去就についてどうされるおつもりなのでしょうか。

【寺】表に出る（記事にする）のだったらここ（本）に書いているレベルがすべてです。

今言えるのは、そこまでです。任期中にそんなこと言えないですよね。（笑）

【デ】池袋西武が（2025年の夏に）「新しい百貨店」になった時はいらっしゃらないかもしれない訳ですね。

【寺】　僕の任期は来年の春までなので。それ以後の事は決まっていないと、「決断」に書いてある通りです。

【デ】　それでも、その（去年の8月31日の）ストライキも含めて、やるべきことは百点満点ではないとしても、やってきたって言う、自負というか感慨とかはおありですか。

【寺】　やり切ったというか（そういう感じです）。只、あれ（スト）は別にプロでもないし経営者でもないですから。もし「結果がすべてだ」と言われたら、「まだ結果は出ていない」訳ですから。

8　ストライキの意義

【デ】　外野から言わせてもらえば、ストライキに批判的な人もいますけど、デパート新聞としては意義があったと思っています。そうじゃなければもっと酷いというか、うやむやにしたまま（売却に）流れてしまったことが、（ストによって）周囲の注目も集め、ある意味、白日の下に晒された訳ですし。豊島区の前区長の応援もありましたし、寺岡さんも以前おっしゃっていらした様に、セゾン文化の継承というか、セゾンのやってきたことがすべて間違っていた訳ではないと。

その手順とか経営的な問題は別にして、百貨店はひとつの「文化」なんだよねというのは、私はまだ「あり」なんだと思っています。寺岡さんも同様のご意見だと思いますが。

【寺】スミマセン、インタビューに来たのに、自分ばかりしゃべってしまって。思いのたけを、記事を書いているかの様に語って頂いて全然良いですから。(笑)

9 フロアプラン

【デ】フロア改装図を見ていただくと、半分(本館)北側がヨドバシになり、中央と南が……

【寺】中央というか、厳密に言うと西武は(本館)南だけです。中央もほぼヨドバシさんですから。

【デ】現状、北と中央がほぼ、皆の思っている池袋西武ですよね。だとすれば本丸を取られたと。

【寺】よく半分になったと言われるけど、この横長の本館の北、中央、南のうち、北と中央が(ヨドバシ側に)行っちゃうわけですから、ということは(西武は)3分の1ですよ。何で半分と言われているかというと、書籍館や駐車場を入れて、その図の半分と言われているからです。という事は、面積按分で言えばそう（半分）かもしれないけど、いわゆる坪効率の面で、売場として成り立っている場所で言うと3分の1な訳です。

　ということは、もはや百貨店ではないですよね。それ（半分というのは）はセブン側の数合わせでしかない訳ですから。

10 事業継続

【デ】その後の事業継続としては半分だとして、次に雇用は？（※注）

【寺】いや事業継続をしたと言えるかどうかも分からないですよね。だって今のままいけば収益的にアカ・クロ、ギリギリですよ。もちろん黒字化の計画になっては

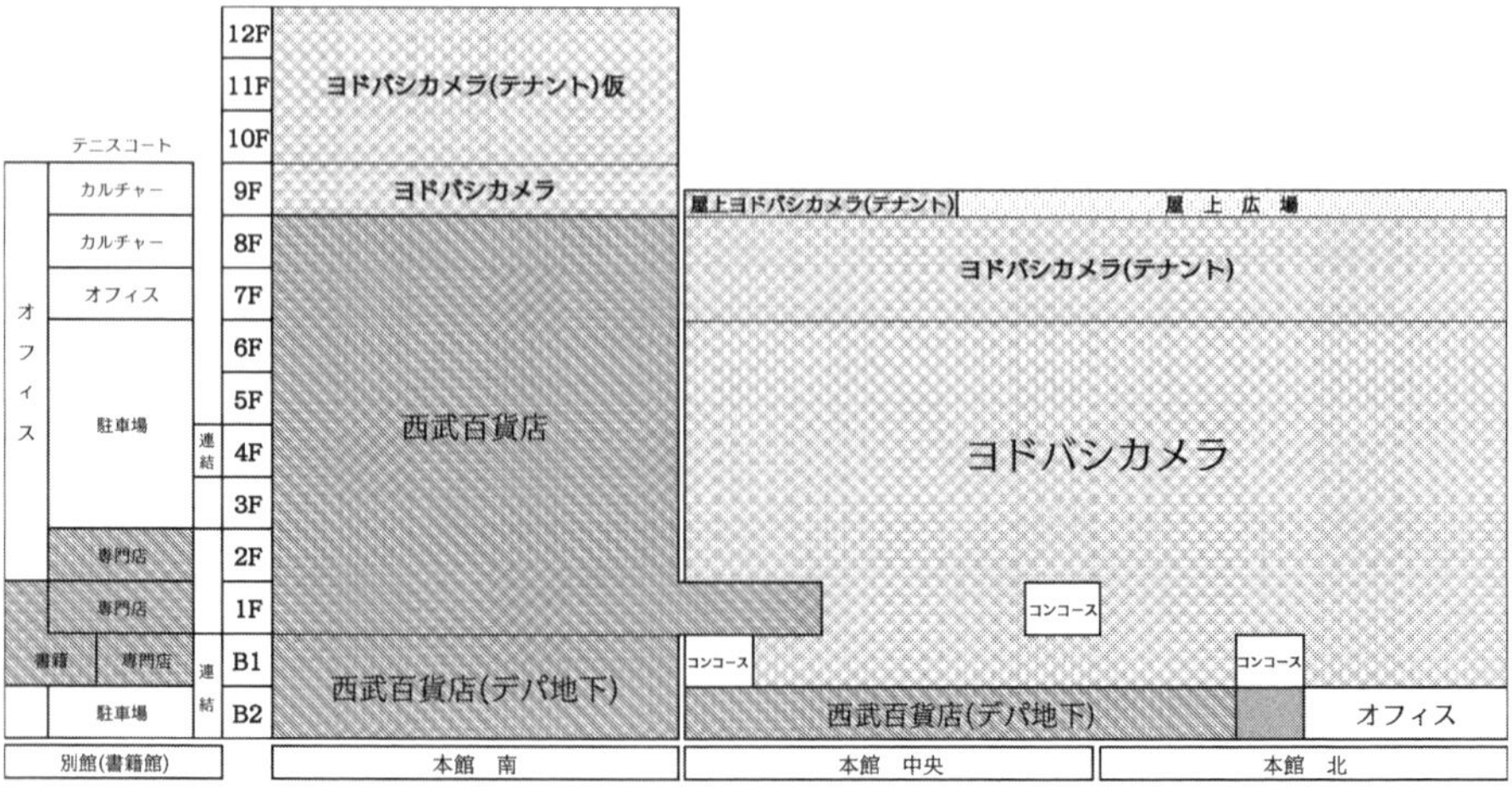

2025年秋 リニューアル予定のフロアプラン

いるけど、黒字化を本当に立証できるかどうかは蓋を開けるまで分からないですよね。

【デ】オープンして1~2年というか、それこそ5年10年経たないと成功も失敗も分からないですよね。

【寺】そもそもこの巨艦のお店の中の、一番坪効率の良いところがなくなるわけで、我々は坪効率の低いところに押し込められる。かつ、フルラインではもう売場を展開できない訳です。かつ、家賃が発生するわけです。しかもそれが「べらぼうな」金額で。かつ、この半年1年クローズする訳ですよ。顧客の繋ぎ止めもどこまでできるか分からない。そうなった時にそれは相当な逆風ですよ。それでとりあえず継続ですねと、事業継続の約束は守ったとは、よう言わないですよ。

※注　そごう・西武労働組合は当初から一貫して「事業継続」「雇用確保」「情報開示」の3つをセブン&アイ（井阪社長）に求めていた。

11　百貨店の位置づけ

【デ】「雇用の確保」という面でいうと、池袋にいるスタッフは半分以下になってしまうのですか？

【寺】一応要員計画上は、今、転進支援含めてやっています。「雇用は守る」と言っている以上、いわゆる「肩たたき」的なことは会社はやっていないので、個々人の判断ですけど。

会社の見立てと言うか計画としては、売場が半分になり、人も半分、と言っています。もちろん、その通りになるかというのは別問題ですけど。

【デ】やりがいという面も含めると中々厳しいですね。この後、半分残った部分で富裕層を相手に、昔西武と伊勢丹が売上日本一を競った時代の再現が出来ないかな、とデパート新聞に夢の様なことを書いたのですけど。（笑）

【寺】相当それは難しいと言うか、僕たちはもはや、1地方百貨店です。（地方が悪いとか言うのではなくて）全国展開している伊勢丹とどうとか言うレベルではないです。

これは「たられば」の話ですが、東武さんだって改装してどうなるか分からないですけど、池袋でウチ（西武）と東武さんを合わせても太刀打ちできないですよ。

僕がこんなこと言ってもしょうがないけれど、旗艦店である池袋西武がなくなる（半分～3分の1になる）ということで、そごう・西武の百貨店全体の営業力は格段に落ちることは間違いないです。井阪さんは、営業力はそんなに落ちないって言っているけど、そんなことはない訳で。これはやったことのある人にしか分からない感覚だと思いますけど。

【デ】（井阪さんは）本当に分からないのかもしれないから、怖いですよね。

【寺】多分、（井阪さんは）真面目な方だから、純粋にそう思っているのだと思いますよ。

12 ヨドバシホールディングス

【デ】今はもう、フォートレスではなくヨドバシですよね。ヨドバシさんとの話し合いとか、関係とかはいかがですか？

【寺】僕はないですよ。（組合としても）まったくない。

【デ】それは、そごう・西武という会社の労働組合として、その（親会社である）セブンさんとは、ひと山（そごう・西武を）越えて話をする時はあったけれど、ヨドバシさんとの接点はほぼないと。

【寺】ほぼというか、関係性という話であれば、大家と店子の関係なので。いやこれが、ヨドバシがそごう・西武のオーナーとかであれば別ですけど。例えば、西武百貨店を運営していて、そこの1テナントの組合と話をすることはないわけですからね。パルコでもそうでしょう。

13 渋谷、横浜、千葉

【デ】 ところで、横浜と千葉（そごう）とか渋谷（西武）とか、そごう・西武は、今のままではないですよね。どうしていくのですか？

【寺】 やり替える（改装、リニューアルをしていく）のか、ということですね。やり替えます。

その地域に合わせた、今風の館にしていく、ということですよね。その辺りのスケジュールというのは、まだ決まってないのですが、順番に、ですね。同時にはできないので、池袋店があまりに大きすぎて、(笑) 池袋の目処がついた段階で、ですね。

14 雇用とプライド

【デ】 デパート新聞としては、委員長のインタビューを含めて、今回の「そごう・西武売却」についての2年間の連載を時系列にまとめる予定です。

その中で本当に切実な組合員の雇用の問題とかあるじゃないですか、「そこがやっぱりそもそも間違っているでしょ」ということは誰かが言い続けていかなきゃいけないと思います。

【寺】そこはそうだし、最後に申し上げたいのですが、間違ってほしくないのは、良く誤解されるのですけど、百貨店が上とか、コンビニが下とか、家電が下とかね、そういうことではないのです。

【デ】それぞれが良いところも悪いところもありますが、只、百貨店で働いてきた人間に、明日から急にエアコンを売れ、と言われても中々厳しい面がありますよね。コンビニもそうですが。

【寺】それは逆もしかりですよね。皆、それぞれプライドを持って仕事をしている訳ですから。それを否定するつもりは全くありません。

僕はバブルの後の世代だから、百貨店の華やかだった時代を振り返って、という訳ではなく、良い時も悪い時も見て来て、分かった上で、それでもこの百貨店の文化を残したいと思っています。

百貨店に対する偏見もあると思います。ジェンダー差別とはちょっと違うかもしれませんが、無意識のうちに女性差別があるように、なんとなくイメージとして百貨店に対して見えない壁というか、「うがった見方」をされている様な場合があると思います。

これも、よく批判されるのですが、「赤字の百貨店がヨドバシに変わるのは当然だ。

今更何を言っているんだ。」と言われるのですが、そういう方にこそ、この本（「決断」）を読んで貰いたいですね。

【デ】デパート新聞でも宣伝しますよ、もちろん（笑）

【寺】そういう意味で言うと、多分パルコさんが一番セゾン文化を継承されてやっていると思うので、頑張って欲しいですね。

【デ】パルコも大丸松坂屋（J．フロントリテイリング）のグループですから、旧セゾングループの関係性もどんどん薄まっていく感じはしますが、ＤＮＡとして残るものもあるとは思います。

それでも「昔は良かった」的な話で終わらせては意味がないですよね。

【寺】それは避けたいですね。

＊　＊

インタビュー後記

８月１日、西武百貨店池袋本店内、書籍館の２階にお邪魔した。

いつもの様に池袋駅から直結の西武の食品売場に入り、いつもの連絡通路を通った。店舗はそのほとんどが改装中で、地下2階の生鮮・総菜ゾーン以外はほぼクローズしていた。

大改装であるから仕方がないが、今、池袋西武の館内を見ると、悲しさよりも虚しさを、より強く感じてしまうのだ。無力感というのだろうか。

筆者は、微力ながら外野から池袋西武を応援したい、と記したが、一方でどんな言葉も虚しいのでは、という思いを強くした。「頑張れ」は他人の勝手な口出しなのか、とも。

帰路、寺岡委員長の左手薬指の指輪が、やけに大きい事が気になった。

お客さまへ
誠に勝手ながら、
改装工事にともない
こちらの
エスカレーターは
ご利用いただけません。
B1F
SEIBU BEONE

あとがき

４０年前、筆者はセゾングループの一員であるパルコに入社した。パルコは、西武百貨店の実質的な子会社であった。

筆者が入社した当時、パルコの実質的なトップは増田通二（当時は専務）であった。セゾングループの創始者である堤清二の東大の同級生であり、堤に請われて西武百貨店に入社後、パルコを創業した人物だ。１９６９年に、西武百貨店池袋本店の隣で、テナントビジネスをスタートさせ、それまでは雑居ビルと呼ばれた駅ビルを「ファッションビル」という名のＳＣ（ショッピングセンター）に変えたのだ。

パルコの広告宣伝、イベントプロモーション、劇場運営は、ある意味本家の百貨店以上に「セゾン文化」を担っていたのでは、と今も思っている。そして、どちらかと言うと「陰」のイメージの強い堤さんに対し、増田さんには「陽」のイメージがあった。

個人的には、１９８９年に名古屋パルコのオープン前、内装工事真っ只中の館内を視察されている増田さんの小柄な姿を見たのが最後となった。

渋谷の本部や池袋店に勤務していた新入社員時代、西武百貨店の社員食堂を利用しても良いという話を耳にし、西武百貨店のバックヤードに潜入した記憶がある。ランチ代を節約するため「学食」感覚で良く利用させてもらった。

「ポロ・ラルフローレン」で、普段はとてもじゃないが手が出ないブレザーを同期入社の同僚と競うように購入したのも思い出だ。グループ内ルールで社販が利用できたのだ。

紺のブレザーにグレーのパンツ、淡いブルーのボタンダウンシャツにレジメンタルタイという、アイビールックの中でも特にトラッドと呼ばれたスタイルだ。靴はコインローファーかタッセルスリッポンで、グレーのパンツの代わりにチノパンも揃えた。

紺ブレはもちろん金ボタンで、上着の裏地の襟から裾にかけて、赤いステッチが入っていた。上着を脱ぎ着する時にそれが見え隠れし、若いサラリーマンにもちょっと「優越感」を持たせてくれたものだ。

完全にノスタルジーモードに浸ってしまった。この辺りで切り上げよう。

パルコも、現在はJ．フロントリテイリングの完全子会社であり、セゾングループ崩壊後に森トラストやイオンに買収されそうになった。だから、今回のそごう・西武の売却（劇）は個人的にも「他人事」とは思えないのだ。

■執筆にあたり、以下の文献を参考にしました。（敬称略）
鈴木哲也「セゾン　堤清二が見た未来」（日本経済新聞出版）
寺岡泰博「決断　そごう・西武６１年目のストライキ」（講談社）

この作品は、デパート新聞にて２０２０年3月１５日号から連載中の「デパートのルネッサンスはどこにある?」から抜粋、編集、加筆修正したものです。

山田 悟（やまだ・さとる）の遍歴

1981年4月 株式会社パルコ入社。半年間、出版営業に携わった後子会社に出向。4年間新規雑貨ショップの開発と運営を担当。

1985年パルコ本社に戻り、池袋店、新所沢店、名古屋店、千葉店、厚木店、大津店、ひばりが丘店、調布店に勤務。20年に亘るドサ回り巡業により、典型的な転勤族として10回の引っ越しを経験。当然ついて来てくれた家族には頭が上がらない。

この間名古屋店と大津店では準備室から新店舗の立ち上げに携わった。また、2006年プロパティマネジメント担当となり、港北ノースポート・モールの開業に参画。

2014年本部に戻り、以後テナントリーシング業務に専念。

その後2024年までの10年間で千葉店、大津店、宇都宮店、熊本店、津田沼店、新所沢店の閉店業務に携わり、「クローザー」を自称。

2019年より定年再雇用となり、翌2020年コロナ禍と同時にパルコ一筋のサラリーマン人生を卒業し、デパート新聞編集長として連載コラム「デパートのルネッサンスはどこにある？」の執筆をスタート。

2024年6月で連載100回を超え、現在に至る。

セブン＆アイはなぜ池袋西武を売ってしまったのだろう
強欲資本主義 vs 公益

2024年11月5日　初版第1刷

著　者　　山田　悟

制　作　　株式会社デパート新聞社
https://www.departshinbun.com

発行人　　田中　裕子

発行所　　歴史探訪社株式会社
〒248-0007　鎌倉市大町2-9-6
Tel. 0467-55-8270　Fax.0467-55-8271
https://www.rekishitanbou.com/

発売元　　株式会社メディアパル（共同出版者・流通責任者）
〒162-8710　東京都新宿区東五軒町6-24
Tel. 03-5261-1171 Fax.03-3235-4645

デザイン　　青山 志乃

印刷・製本　新灯印刷株式会社

ISBN978-4-8021-3477-4